LE
CLERGÉ DE FRANCE

DEVANT

LA RÉPUBLIQUE

PAR

BOYER D'AGEN

1re PARTIE. — **Le Haut Clergé**

2e PARTIE. — **Le Bas Clergé**

PARIS

TOLRA, LIBRAIRE-ÉDITEUR

112 *bis*, RUE DE RENNES, 112 *bis*.

Tous droits réservés

LE CLERGÉ DE FRANCE

DEVANT LA RÉPUBLIQUE

Les Héros de la Cornette et du Tricorne.

La Question ouvrière et sociale, par le cardinal
Manning.

Le Clergé de France devant la République.

Propriété de l'Éditeur,

ÉMILE COLIN — IMPRIMERIE DE LAGNY

LE CLERGÉ

DE FRANCE

DEVANT LA RÉPUBLIQUE

PAR

BOYER D'AGEN

> I. — Le haut Clergé.
> II. — Le bas Clergé.
> III. — Les Leaders.

PARIS

LIBRAIRIE SAINT-JOSEPH

TOLRA, LIBRAIRE-ÉDITEUR

112 *bis*, RUE DE RENNES, 112 *bis*.

—

1892

Les éditeurs de la Bibliothèque des Petits Polémistes *adressent leur vive reconnaissance à* NN. SS. *les Archevêques et Évêques de Lyon, de Rouen, de Rennes, de Tours, de Constantine et d'Hippone, de Tarentain, d'Aix, de Troyes, de Fréjus et de Toulon, de Grenoble, de Montpellier, de Soissons, de Bayeux, de Saint-Claude, de Saint-Brieuc et de Tréguier, d'Annecy, de Bayonne, de Nancy, etc., etc., et aux* Semaines Religieuses *de presque tous les diocèses de France, qui ont bien voulu répondre à notre premier appel, et qui voudront bien nous soutenir encore de leur sympathie et de leur influence, pour conduire à bon port cette œuvre de populaire et catholique propagande à laquelle nous souhaitons de réussir dans la seule mesure des sacrifices que nous nous serons imposés avec le désintéressement qui convient à de si salutaires mais si difficultueuses entreprises.*

Paris, le 15 février 1892.

Boyer d'Agen.

Tolra.

Aux premiers jours de l'année 1892, Léon XIII, admirateur respectueux des grandes démocraties de l'Amérique et spectateur fatigué des petites batailles politiques entre les monarchies moribondes et les républiques naissantes de l'Europe, avait fait envoyer à un cardinal de France et en réponse aux vœux annuels de celui-ci une lettre ou un document où le Pape, en recommandant par son Message une adhésion générale des catholiques français à la forme de leur Etat républicain, le faisait avec cette profondeur de vue politique et cette élégance de forme diplomatique et littéraire qui caractérisent admirablement chaque note de l'économiste providentiel dont le gouvernement est devenu, autant celui des Cabinets européens qu'il inspire, que celui de l'Eglise catholique qu'il mène.

Ce document fut aussitôt traduit par l'importante Déclaration qui suit et qui devra servir de formule aux débats d'où sortira triomphante ou encore asservie — mais vaincue, jamais ! — la cause catholique.

*Exposé de la situation faite à l'Église en France
et déclaration des Éminentissimes Cardinaux :*

DESPREZ, archevêque de Toulouse.
LANGÉNIEUX, archevêque de Reims.
PLACE, archevêque de Rennes.
RICHARD, archevêque de Paris.
FOULON, archevêque de Lyon.

La question des rapports de l'Eglise et de l'Etat vient d'être de nouveau soulevée dans notre pays. Seuls les esprits superficiels pourraient voir dans de récents incidents l'explication suffisante du mouvement qui agite l'opinion et qui préoccupe les pouvoirs publics. Les causes de ces inquiétudes sont plus anciennes et plus profondes.

Il nous appartient de donner aux catholiques, dans les circonstances actuelles, une direction de pensée et de conduite en leur montrant dans le passé l'origine du mal, dans le présent les devoirs qu'il nous crée.

Avant toutes choses, nous déclarons une fois de plus, conformément aux enseignements du Saint-Siège et à la tradition catholique, que nous ne faisons aucune opposition à la forme du gouvernement que la France s'est donnée. Nous croyons que le pays a besoin de stabilité gouvernementale et de liberté religieuse (1) »

Si nous élevons la voix, c'est pour demander que « les sectes antichrétiennes n'aient pas la prétention d'identifier avec elles le gouvernement républicain et de faire d'un

(1) Réponse de S. Em. le cardinal-archevêque de Paris aux catholiques qui l'ont consulté sur le devoir social.

Boyer Breton inv.   Michelet sculp.

CARDINAL PLACE   CARDINAL DESPREZ   CARDINAL RICHARD
CARDINAL LANGÉNIEUX   S. S. LÉON XIII   CARDINAL FOULON

LES CARDINAUX SIGNATAIRES DE LA DÉCLARATION

a.

ensemble de lois antireligieuses la constitution essentielle de la République » (1).

On a dit du haut de la tribune française au nom du Gouvernement : *La République est pleine d'égards pour la religion. Aucun gouvernement n'a eu la pensée de favoriser en quoi que soit la religion ou de restreindre l'exercice du culte. Nous ne voulons pas, et le parti républicain tout entier ne veut pas être représenté comme ayant, à aucun moment, voulu empiéter sur le domaine religieux et attenter à la liberté des consciences.*

I

Ce qui est malheureusement vrai, c'est que depuis douze ans le gouvernement de la République a été autre chose qu'une personnification de la puissance publique ; il a été la personnification d'une doctrine et d'un programme en opposition absolue avec la foi catholique, et il a appliqué cette doctrine, réalisé ce programme de telle sorte qu'il n'est rien aujourd'hui, ni personnes, ni institutions, ni intérêts, qui n'ait été méthodiquement frappé, amoindri, et, autant que possible, détruit.

I. — L'athéisme pratique est devenu la règle d'action de quiconque en France porte un titre officiel, et la loi de tout ce qui se fait au nom de l'Etat. Tandis que tous les gouvernements du monde civilisé inscrivent le nom de Dieu dans leur Constitution et l'invoquent dans les circonstances solennelles de leur vie nationale, chez nous il n'est plus invoqué et les prières publiques édictées par la Constitution républicaine de 1875, pour la rentrée des Chambres, ont été abolies.

(1) Réponse de S. Em. le cardinal-archevêque de Paris aux catholiques qui l'ont consulté sur le devoir social.

La prière a été supprimée de fait dans la plupart des écoles officielles ; les crucifix proscrits des salles de classes ; la loi du repos dominical abrogée.

Pour bien faire sentir aux soldats qu'ils ne doivent rien avoir de commun avec la religion, il leur est interdit d'assister en corps à aucune cérémonie religieuse et même de pénétrer dans nos églises pour y rendre à leurs morts les derniers honneurs.

Enfin, la législation encourage la profession publique d'athéisme en décernant les mêmes honneurs à tous les genres de sépulture et en facilitant les cérémonies funèbres d'où est bannie jusqu'à l'idée de Dieu.

II. — On nous menace de ressusciter et d'appliquer avec une nouvelle rigueur les articles organiques annexés au Concordat, articles contre lesquels le Saint-Siège n'a cessé de protester et dont un grand nombre sont tombés en désuétude par la force des choses.

Mais déjà la liberté des évêques est notablement amoindrie ; toutes leurs démarches sont surveillées, même celles qui n'ont d'autre but que leurs rapports avec le Saint-Siège.

Leur administration est constamment tenue en échec par les refus que l'Etat oppose aux nominations faites par eux aux titres ecclésiastiques.

On a porté une grave atteinte à la dignité du sacerdoce catholique par des arrêts jusque-là inouïs qui, au mépris des lois les plus saintes, autorisent le prêtre infidèle à contracter une union sacrilège que l'Eglise réprouve.

On ne s'est pas contenté d'effectuer des réductions budgétaires qui atteignent les premiers pasteurs, mais on procède à des suspensions arbitraires de traitement infligées par voie disciplinaire à des prêtres ; pénalité étrange, qu'aucune loi ne justifie, qu'aucune loi ne sanctionne et que le

gouvernement n'a pu baser que sur des précédents emprun-
tés aux pires abus de l'ancien Régime et sur le texte tron-
qué et dénaturé de l'article 16 du Concordat.

Nous rappelons : la suppression par extinction du traitement des chanoines; le plus grand nombre des vicaires
privés de la minime subvention qui leur était allouée sur
les fonds de l'Etat ; le traitement des aumôniers de prisons
réduit à un chiffre dérisoire; les biens des menses épisco-
pales livrés, pendant la vacance du siège, à des commissaires civils qui dépassent dans leur gestion tout ce qu'a-
vait pratiqué l'ancien droit régalien, et qui, non contents
d'administrer ces biens, les aliènent aux enchères publiques; enfin, le budget des cultes progressivement réduit à
des proportions qui laissent en souffrance des services
utiles et les intérêts les plus respectables.

III. — Les religieux français ont été expulsés de leurs
demeures, au mépris de leurs droits de citoyens, au nom de
lois surannées dont l'existence même a pu être contestée par
de hautes autorités juridiques et en vertu de décrets arbitraires dont les victimes ont vainement demandé des juges.
Même à l'état de dispersion auquel la violence les a réduits,
ils sont durement atteints dans leurs intérêts matériels et
avec eux, les congrégations de femmes que semblaient devoir protéger la personnalité civile que l'Etat leur reconnaît, et plus encore les bienfaits qu'elles répandent sous la
double forme de l'enseignement et de la charité.

Les lois fiscales, en effet, préparent, à bref délai, la ruine
d'un grand nombre de communautés. La rigueur, avec
laquelle ces maisons sont frappées, dépasse tout ce que l'on
avait vu jusqu'ici. Aux impôts ordinaires qu'elles payent
en vertu du droit commun, à l'impôt de mainmorte réglé
par la loi de 1849, on a ajouté deux charges d'exception :
1° un impôt sur un revenu qui n'existe pas dans la plupart

des cas, impôt qui manque de base par conséquent : 2° un droit dit d'accroissement, droit doublement injuste, puisqu'il a pour prétexte une mutation qui n'a pas lieu et puisqu'il fait double emploi avec l'impôt de mainmorte destiné à racheter la mutation absente. En sorte que, contrairement à tous les principes qui régissent cette matière, leu congrégations payent, en réalité et dans des proportions exceptionnellement lourdes, plusieurs fois l'impôt pour le même objet.

IV. — C'est principalement dans l'enseignement qu'ont été prises des mesures contraires à la religion et à la liberté des consciences. En premier lieu, l'instruction religieuse a été bannie de tous les examens auxquels peut être soumise la jeunesse, afin sans doute qu'elle s'accoutume à n'y attacher aucune importance et à la regarder comme une chose superflue ; puis, peu à peu elle a été éliminée du programme des études et même, ce qu'on a peine à croire, du programme des écoles maternelles.

L'enseignement primaire a été rendu « gratuit », passant ainsi aux mains de l'Etat qui, seul, paie les maîtres. Bientôt, il fut proclamé « obligatoire » et, du même coup, l'enfance fut mise à la discrétion de l'Etat ; enfin l'enseignement fut rendu « laïque », c'est-à-dire soustrait à toute influence religieuse.

On voudrait s'abriter sous le nom spécieux de neutralité ; comme si la neutralité en éducation était possible, comme si le silence sur Dieu n'était pas une manière de le nier. Du reste, on voit tous les jours cette neutralité se transformer en hostilité flagrante ; l'enseignement religieux n'est point seulement écarté de l'école primaire par des hommes sans croyances, incapables de se contenir et sûrs de n'être pas désavoués.

Les ministres du culte, même les évêques, sont dépossédés de leur droit de surveillance sur l'enseignement. Ils ne peuvent plus franchir le seuil de l'école primaire ; d'autre part, les instituteurs sont autorisés et encouragés à ne plus conduire leurs élèves, ni au catéchisme, ni à l'église. Il leur est interdit, même en dehors des heures de classe, de laisser étudier le catéchisme dans les locaux scolaires.

Enfin, comme couronnement de l'œuvre, le droit d'enseigner dans les écoles publiques est enlevé aux membres des congrégations religieuses, frappés ainsi d'incapacité, malgré les maximes qui garantissent l'accessibilité des fonctions publiques à tous les citoyens.

L'enseignement secondaire et supérieur s'est inspiré des mêmes principes. Dans les lycées et collèges, l'instruction religieuse a été déclarée facultative, les aumôniers y sont tolérés plutôt que maintenus, mais leur action est paralysée autant que possible. Le même prosélytisme s'étend ouvertement aux jeunes filles, et l'on ne peut nier que c'est encore dans le même dessein d'hostilité à la foi chrétienne que l'on a installé, en pleine Sorbonne, un cours d'histoire des religions, destiné à confondre dans un même dédain l'erreur et la vérité et à propager ainsi le scepticisme.

Pendant ce temps, nos écoles libres, fondées aux prix de tant de sacrifices, sont en butte à mille difficultés, soumises de la part de l'Etat à des exigences, à des formalités de tous genres qui en compromettent le développement et le succès, et elles ne trouvent plus personne pour les défendre dans les Conseils de l'Instruction Publique, d'où l'on a eu soin d'exclure les représentants de la religion. Plusieurs de nos écoles ecclésiastiques ont été fermées par décret, les autres sont aujourd'hui privées du droit de former des stagiaires pour la direction de nos collèges libres.

Nos grands séminaires, remplis des enfants du peuple, ont été complètement privés des bourses accordées jusque-là aux élèves ecclésiastiques, alors que l'Etat les multiplie partout ailleurs.

Enfin notre enseignement supérieur, après quelques jours de liberté, s'est vu tout à coup découronné par la suppression du titre d'Université, puis arrêté dans son expansion par la mesure qui a exclu ses maîtres de la participation aux examens.

V. — A l'heure où le service militaire est obligatoire pour tous les citoyens et où, par conséquent, les familles ont plus que jamais le droit d'exiger de l'Etat des mesures de préservation pour la foi et pour les mœurs de leurs fils, on abroge la loi de 1874, qui avait organisé l'aumônerie militaire. Ce service essentiel est réduit à des proportions insuffisantes, en temps de guerre ; en temps de paix, on peut dire qu'il n'existe plus.

On a gravement compromis le recrutement du clergé par l'enrôlement des séminaristes, et gravement méconnu le caractère du prêtre par la loi militaire qui, en certains cas, menace de l'arracher à l'autel pour lui mettre, au mépris des lois de l'Eglise, les armes à la main. Et cependant, le ministère sacerdotal, qui dure autant que la vie, n'est-il pas un service social et patriotique, plus qu'équivalent au service militaire ; et, en temps de guerre, le clergé séculier et les religieux n'ont-ils pas toujours fait généreusement leur devoir ?

VI. — La législation, qui méconnaissait déjà le caractère sacré du mariage, livre la famille aux ravages des passions, à l'instabilité, à tous les malheurs qui en sont la suite, par la loi antichrétienne et antisociale du divorce.

VII. — Le clergé est systématiquement exclu, comme tel, des commissions hospitalières, des bureaux de bienfaisance ; on lui refuse la plus simple participation à la charité dans les établissements publics, alors que l'Assistance publique des pauvres et des malades, personne ne l'ignore, est une institution créée par l'Eglise catholique.

VIII. — Sans prétendre dresser une liste complète des mesures prises par le gouvernement contre la religion, nous devons encore signaler les entraves apportées au libre fonctionnement des caisses de retraite pour le clergé ; le retrait de la personnalité civile des diocèses ; les difficultés toujours croissantes, élevées contre les libéralités faites au profit des établissements religieux ; l'obligation imposée à ces établissements, sans aucun texte de loi et contre la volonté des bienfaiteurs, d'aliéner les immeubles qui leur sont donnés ou légués, même avec des charges ; le pouvoir exorbitant, attribué aux maires, sur l'usage des cloches et sur les clefs des églises ; la sujétion excessive des conseils de fabrique à l'égard des conseils municipaux, et bientôt leur désorganisation complète, sinon leur destruction, par suite du nouvel article ajouté à la loi de finance, d'après lequel « les comptes et budgets des fabriques doivent être soumis à toutes les règles de la comptabilité des autres établissements publics. »

Nous le demandons à tout homme impartial, quelles que soient ses croyances ou ses opinions religieuses : peut-on après cet exposé, qui est loin d'être complet, affirmer que *le gouvernement républicain n'a jamais eu la pensée de froisser en quoi que ce soit la religion ou de restreindre l'exercice du culte ; qu'à aucun moment, il n'a voulu empiéter sur le domaine religieux et attenter à la liberté de conscience ?*

II

Quelle doit être, en face de la vérité, ainsi rétablie, et des éventualités de l'avenir, l'attitude des catholiques ?

I. — En premier lieu, leur devoir est de faire trêve aux dissentiments politiques, et, en se plaçant résolument sur le terrain constitutionnel, se proposer avant tout la défense de leur foi menacée. « Quand la foi chrétienne est en péril, a dit Léon XIII, tout dissentiment doit cesser, et l'on doit d'un commun accord prendre la défense de la religion, qui est le bien suprême de la société et le but auquel tout doit être rapporté. »

II. — L'Eglise ne veut pas s'interposer entre le gouvernement et les citoyens, pour restreindre les prérogatives du pouvoir politique à l'égard de ses subordonnés. Mais l'Etat ne doit pas non plus s'interposer entre l'Église et les fidèles, pour entraver l'exercice d'une mission spirituelle qui n'émane pas de lui, mais de Dieu.

III. — Les catholiques ne prétendent nullement former un Etat dans l'Etat. Mais ils n'admettent pas davantage que l'Eglise soit incorporée à la puissance séculière comme un des rouages de son administration. Et, plutôt que de subir cet asservissement, ils doivent être prêts à tout souffrir et disposés à tout entreprendre pour la résistance.

IV. — On a dit, du haut de la tribune française, au nom du Gouvernement : *Nous ne reviendrons pas sur les lois que la République a votées depuis qu'elle est consolidée. — Les lois scolaires... sont, pour nous, des lois de neutralité et d'indépendance. — Les lois militaires sont des lois d'égalité, des lois de droit civique. — Nous considérons ces lois comme une partie du patrimoine que la République actuelle a lentement constitué et qu'elle n'a, en aucune façon, l'arrière-pensée de laisser dissiper à aucun moment.*

Ces lois ne sont nullement essentielles à une forme de gouvernement et ne peuvent faire partie intégrante de la Constitution d'une république respectueuse de tous les droits.

Les catholiques peuvent donc, sans paraître même s'ériger en adversaires de la République, et ils doivent en conscience les considérer comme mauvaises en elles-mêmes et injustes envers l'Eglise. Ils peuvent être dans la nécessité de les subir ; mais les accepter, jamais. Par conséquent, leur devoir est de travailler, par tous les moyens légitimes, à faire rapporter ces lois, ou tout au moins à en faire disparaître tout ce qui blesse la conscience chrétienne.

V. — Il ne saurait convenir aux catholiques de provoquer la rupture, entre l'Eglise et la République française. L'attitude révolutionnaire n'a jamais été celle des fidèles enfants de l'Eglise. Ils doivent respecter, dans le Concordat, la foi des traités, les droits acquis, une condition de la paix morale, une forme séculaire de l'harmonie qui doit exister entre les deux pouvoirs, enfin, un hommage rendu par la puissance séculière au rôle civilisateur de l'Eglise au sein des sociétés humaines.

VI. — Ils doivent considérer la subvention budgétaire, garantie par le Concordat, comme une dette sacrée de l'Etat envers l'Eglise dont les biens, représentant une rente de beaucoup supérieure à celle du budget des cultes, ont été mis, il y a cent ans, à la disposition de la nation.

VII. — Mais les avantages matériels et moraux que le Concordat leur assure ne sont pas de ceux que l'on doit préférer à tout.

Quand Pie VII a négocié cette convention avec le premier Consul, il l'a fait pour relever l'Eglise de France de ses ruines. Nul doute que s'il eût envisagé le Concordat comme un instrument de gouvernement entre les mains de la puissance séculière, il eût préféré abandonner l'Eglise de France à la situation précaire où la Révolution l'avait laissée.

La même sollicitude du Vicaire de Jésus-Christ veille encore et veillera toujours sur les grands intérêts dont Pie VII a pris soin, il y a bientôt cent ans. C'est à lui seul qu'il appartient de stipuler au nom de l'Eglise. L'éventualité de la rupture du Concordat n'est donc pas de celles que nous ayons à envisager. Nous comptons, de la part des représentants du pouvoir, sur le respect des traités, comme nous sommes assurés que le pape s'inspirera toujours, dans les circonstances les plus difficiles, de cette parole si souvent citée de saint Anselme : « Dieu n'aime rien tant, icibas, que la liberté de son Eglise. »

VIII. — En résumé : Respect des lois du pays, hors le cas où elles se heurtent aux exigences de la conscience, respect des représentants du pouvoir, acceptation franche et loyale des institutions politiques; mais, en même temps, résistance ferme aux empiètements de la puissance séculière sur le domaine spirituel, dévouement actif et généreux aux œuvres qui ont pour objet de fournir à la société chrétienne les éléments de sa vie propre, notamment aux œuvres d'enseignement, d'apostolat et de charité; enfin, fidélité au devoir électoral, dont l'accomplissement par tous les gens de bien assurerait une représentation nationale vraiment conforme au vœu du pays et capable d'opérer dans la législation les réformes nécessaires à la paix politique.

Tels sont les devoirs qui s'imposent, à l'heure actuelle, à la conscience et au patriotisme de tous les catholiques français.

En terminant cet exposé, qu'il nous soit permis d'exprimer un regret : celui d'avoir été contraints, par la gravité des circonstances, à occuper l'opinion des légitimes griefs des pasteurs de l'Eglise, à l'égard de ceux qui font entrer dans la politique des pensées hostiles à la religion.

Les droits de l'Eglise, que nous défendons, ne sont, entre nos mains, qu'une condition de l'accomplissement de nos devoirs. Ces devoirs, nous voulons nous en acquitter, selon toute l'étendue des besoins que révèle l'état présent de la société.

En les remplissant, les évêques sont les plus utiles auxiliaires du pouvoir civil; mais pour l'aider efficacement, ils ont besoin, à leur tour, d'être traités en amis, non en suspects; en alliés, non en adversaires.

Le 16 janvier 1892.

† FLORIAN, *cardinal* DESPREZ, *archevêque de Toulouse et de Narbonne.*

† BENOÎT-MARIE, *cardinal* LANGÉNIEUX, *archevêque de Reims.*

† CHARLES-PHILIPPE, *cardinal* PLACE, *archevêque de Rennes, Dôle et Saint-Malo.*

† FRANÇOIS, *cardinal* RICHARD, *archevêque de Paris.*

† JOSEPH, *cardinal* FOULON, *archevêque de Lyon.*

Telle est, dans son ensemble admirablement résumé par cette Déclaration, la situation faite à l'Eglise de France actuelle.

Ainsi, sous la première République de 1791, le clergé français perdit plus d'un milliard de biens immeubles et gagna, quelque années plus tard, un dédommagement d'à peu près un million avec le Concordat et les Articles Organiques.

Sóus la troisième République de 1891, le gouvernement français, — dont les agissements vexatoires ne constituent pas une attraction irrésistible, à proprement parler, — a demandé à ce même clergé d'adhérer à ses institutions démocratiques.

Dans quelle mesure, de la part de celui-ci?

Nous l'ignorons encore.

A quelles conditions, de la part de celui-là?

Nous venons de l'apprendre.

Les intentions pacifiques de ce clergé patient dont la Déclaration solennelle de cinq cardinaux aura donné la mesure, il était intéressant et opportun de les connaître plus en détail. Il convenait de consulter, comme pour un plébiscite général, toute l'échelle hiérarchique de l'Eglise de France. Grandes et petites, toutes ces voix devaient être entendues, pour marquer la graduation la plus sûre au thermomètre ou au baromètre de laquelle le public se rendrait compte du degré d'enthousiasme ou d'indifférence, qui rapproche ou qui éloigne ce même clergé du gouvernement républicain vers lequel le temps et les idées modernes le sollicitent.

C'est l'enquête que le scrupuleux écrivain de ce livre s'est imposé patiemment d'instruire, en allant frapper à maintes portes hautes ou basses et en s'y présentant, tantôt en importun, tantôt en ami, toujours en interviewer opiniâtre et fidèle.

Dans ce livre devaient seuls prendre la parole et par catégories distinctes les divers représentants consultés de cette grande société aux institutions retardataires, diront quelques-uns, mais dont la forte et incalculable influence n'a rencontré dans notre âge moderne rien de plus robuste ni de plus généreux qui pût la contrebalancer : cette Eglise du monde catholique en général et de la France chrétienne en particulier, à qui notre nation a demandé à toutes les époques de son histoire les grandes leçons d'autorité et de respect, qui l'ennoblirent et que, après elle, la tradition disciplinaire de l'Armée pourrait seule encore nous apprendre.

Mais cette même Eglise, que le souvenir de ma naissance et de ma première éducation m'inviterait, au besoin, à défendre aussi vivement que je la respecte, je n'ai voulu ici savoir d'elle que ses

idées politiques. Et je les exposerai impartialement et comme indifféremment, dans ces pages ;
laissant à un âge moins inexpérimenté que le mien
le soin de porter, s'il le faut, des coups plus sûrs.

D'ailleurs, Celle que les persécutions ont toujours grandie, n'a jamais eu que faire de ses inu-
tiles défenseurs. Et puis, les tribunaux devant
lesquels sont menacés de comparaître, à l'heure
où j'écris ces lignes, les cardinaux signataires
d'une si loyale Déclaration, ne sont-ils pas pour
l'Eglise son plus beau champ de justice où,
selon la parole historique d'un de ses plus illustres
ennemis, — accusée, elle sera toujours condamnée ;
condamnée, elle sera toujours absoute ?

B. d'A.

Paris, le 2 février 1892.

LE HAUT CLERGÉ

Boyer-Breton, inv.   *Michelet, sculp.*

LE CARDINAL LAVIGERIE

I

LE CARDINAL LAVIGERIE

Non loin des ruines de la vieille Carthage où,
avec les temples et les palais disparus, étaient
déjà tombés dans la grandeur de leurs œuvres
accomplies et par la petitesse de leurs ennemis
conjurés tant de colosses de l'antique courage et
tant de victimes de la malignité humaine, — toujours nouvelle, celle-là ! — un prince de l'Eglise
et un vieillard des extrêmes années, que la
douleur de son apostolat lourdement continué
cloue sur son lit, s'entend appeler par son nom
sur la terre de France et prête l'oreille au bruit
qui vient. Ce bruit, petit, est de ceux qui s'essayent
parfois à traverser le pays aussi facilement qu'un
cabinet de rédaction et appelle « mercanti » ce généreux libérateur d'esclaves, qui, pour toute réponse à ces Shylocks du journalisme, — à ces ven-
deurs vendus, — se dresse sur sa couche et dicte

hardiment encore cette lettre : « Cette fois, la paralysie rhumatismale est complète. J'ai perdu successivement le mouvement et même la possibilité de vous transmettre ma pensée, et j'ai dû souvent me contenter d'assister à la Sainte Messe que célébrait pour moi, devant mon lit de douleurs, mon pieux secrétaire. Mais, à mesure que cette cruelle épreuve se prolonge, je trouve plus lourd le poids de mon infirmité, à une époque surtout où des complications si graves viennent de menacer et menacent encore la France... Il y a maintenant plus d'une année que, pour obéir à la direction paternelle du Saint-Siège, je donnais moi-même le conseil à tous les catholiques de France d'entrer dans une voie nécessaire d'union et de pacification religieuse, afin de concourir plus efficacement au salut de l'Eglise et de la Patrie, gravement menacé... Je me faisais donc l'écho des doctrines du Souverain-Pontife lui-même, dans une circonstance où l'opinion publique devait facilement s'en émouvoir. Là, se sont bornées ma mission et mon initiative. Je n'ai rien voulu y ajouter depuis, malgré la tempête qui éclata tout d'un coup autour de moi et dure encore à l'heure présente, sans que rien ait pu, ni me faire sortir de mon silence, ni provoquer de ma part une réponse ou une plainte...

C'est le douloureux spectacle que nous a donné l'Eglise de France, au mépris de ses plus glorieuses traditions. Nous avons vu se produire non seulement la défection sourde, mais encore l'opposition ouverte et bruyante d'une partie de nos catholiques; sous prétexte qu'on leur demandait d'adhérer aux traditions révolutionnaires qui ont toujours été hostiles aux institutions chrétiennes, alors qu'on ne leur a demandé et qu'on ne leur demande encore que le respect du gouvernement établi... Je continuerai à tenir la même attitude. Je ne veux m'occuper des choses de la France qu'au point de vue des intérêts de l'Eglise; car je ne puis plus, ni lutter, ni faire entendre ma parole. Je dois me contenter de prier Dieu qu'il soutienne et dirige les troupes sacrées, comme faisait Moïse sur la montagne, pendant que l'armée d'Israël combattait dans la plaine » (1).

Ce mercanti d'un autre marché, certes, que ces folliculaires sans honneur qui cherchent à se marchander et ne trouvent pas même le prix abject de leurs insultes, de quel nom de chef plutôt antique que moderne l'appellerez-vous?

Ni monseigneur, ni cardinal; mais Lavigerie, tout court, comme on dit simplement : Stanley,

(1) Lettre pastorale du cardinal Lavigerie. Janvier 1892.

Brazza, Livingstone, Cook, Vancouver, Lapérouse, Améric Vespuce, Christophe Colomb, Marco Polo, Hannon, Magon, Amilcar Barca. Ou, si vous préférez le revêtir du caractère épiscopal qui sied à ce vieillard auguste comme à un patriarche des temps bibliques, ne le considérez que comme un de ces prêtres pionniers qui, aussi bien sous les républiques de France que sous les républiques de Rome, vont en avant des civilisations et des armées, et jettent sur les fleuves et sur les mers elles-mêmes ces *ponts* de bois ou de vaisseaux qui relient une terre sauvage à une terre policée, et d'où ces ouvriers intrépides prennent leur nom significatif de *pontifes*.

Voilà un homme, ce prêtre.

Enfant de Bayonne, où les gracieuses Pyrénées commencent à lui sourire en même temps que le visage de sa pieuse mère, ni les landes gasconnes se développant à sa gauche comme un océan immense de sable et de verdure, ni les montagnes béarnaises dont les masses de granit et de neige s'évanouissent à sa droite dans l'azur infini de l'espace, n'ont captivé son âme dans un cadre si vaste. Il sait qu'à Dax, à quelques kilomètres seulement de Bayonne, un autre enfant était né,

il y a trois siècles, qui, en trente ans, avait conquis à la charité des pauvres la France aristocra-
tique de Henri IV et de Louis XIII. La victoire
que saint Vincent de Paul put remporter sur sa
généreuse patrie, cet autre Béarnais rêve aussi de
l'avoir sur d'autres peuples autrement intraita-
bles et autrement nombreux. Comme un descendant des Cadmées antiques et des patriarches d'Israël, ce petit pâtre des Basses-Pyrénées lit la
Bible et ces vieux livres d'Orient qui le font vivre,
lui si jeune, à trois mille ans de date sous les
tentes de Chanaan et de Membrée ; et si quelqu'un interrompt sa lecture, pour lui demander
curieusement :

— Alors, que veux-tu être ?

— Curé de campagne ! répond-il.

Ce curé de campagne, — et de quelles campagnes ! — Lavigerie l'a bien été. Campagnes
d'Afrique, et campagnes de guerres, elles auront
certes valu double à ce curé qui, depuis, est passé
cardinal, et à ce soldat d'hier qu'on peut bien
appeler aujourd'hui maréchal.

Il mit son temps, à l'obtention de tous ses
grades.

D'abord, petit élève au séminaire de Larressore,
il lit ses premiers auteurs de littérature sacrée et
profane, aux reflets éblouissants de cette déli-

cieuse vallée de la Nive dont il se souviendra mélancoliquement, un jour, devant les glaciers éternels de l'Atlas et les mirages chauds du Grand Désert d'où, revenant plus tard au cher pays natal, il répondra au vieil évêque nonagénaire Mgr Lacroix, qui avait vu naître cet enfant :

— ... Mais un enfant plus vieux que vous, Monseigneur !

— Plus vieux que moi ?... lui répondit le pauvre évêque, qui n'allait déjà plus qu'en berline aussi ancienne que lui... Plus vieux que moi ? Eh ! comment cela, Monsieur l'abbé ?

— Là ! voulez-vous, riposta joyeusement le hardi missionnaire qui venait de contourner l'Afrique entière, voulez-vous, Monseigneur, que nous comptions par kilomètres ?

Pour la bien visiter, cette Afrique, si chère à son âme d'apôtre, Lavigerie, à quinze ans sonnés, prend par Paris, où l'appellent déjà les écoles.

En 1840, il entre à Saint-Nicolas-des-Champs, où l'abbé Dupanloup dirige les études et les cœurs de ces jeunes hommes qui, plus tard, s'appelleront Langénieux, Foulon, Coullié, Lamarche, Hugonnin, La Tour d'Auvergne, Soubiranne ; ce grand Dupanloup, ce maître d'école si libéral et si pratique, dont on a tant médit et qui a eu la gloire — entre tant d'autres gloires — d'ajouter, à ces sept noms d'élèves d'un même séminaire et d'un même épiscopat, celui de Lavigerie dont il grandit surtout l'âme par cette sentence d'apôtre qu'il leur répéta si souvent : *Omnia vestra sunt ; vos autem Christi !* et par cette autre réponse du prêtre Melchisédech à Abraham, que l'évêque d'Orléans cita même à la Chambre, dans une circonstance célèbre : *Da mihi animas ; cœtera tolle tibi !* Les âmes de ses élèves, Dupanloup les eut et les fit aussi sacerdotales que la sienne ; et quand, pour un de ceux-ci, sonna l'heure des études supérieures, l'habile directeur de Saint-Nicolas-des-Champs sut céder généreusement à des maîtres plus érudits l'enseignement de ces intelligences remarquables.

A l'École des Carmes, Lavigerie devait se distinguer surtout par son goût pour l'histoire, et spécialement l'histoire des peuples asiatiques.

Licencié en 1847, il professe en Sorbonne, la même année, l'histoire ecclésiastique et devient un des membres éminents de l'Œuvre des Ecoles d'Orient, à laquelle appartenaient déjà Montalembert, Wallon, l'amiral Mathieu, Séguier, de Vogué, Auguste Nicolas, de Gabriac, de Rougé, Ozanam. Les uns, économistes remarquables, sont la conscience de cette Œuvre qui veut amasser, sou par sou et idée par idée, les forces maté-

rielles et morales qu'il faudra pour l'affranchisse-
ment de l'Orient tout entier. Les autres, orateurs
puissants, seront la trompette de cuivre de ce
nouvel apostolat. Wallon, Séguier, Mathieu,
Nicolas, Ozanam, remuent des cartes et des
plans, au siège de l'Œuvre, rue de l'Université.
Cependant les heures de loisir, que la Sorbonne
lui laisse, Lavigerie les passe à courir la France
et, de chaire en tribune, à grouper autour de sa
parole ardente les sympathies et les aumônes qui
l'attendent partout.

Qu'en 1859 les massacres de Damas surviennent : Lavigerie a pour eux deux millions,
amassés sou par sou. Qui portera à l'Asie l'au-
mône de la France ? Qui, mieux que cet aumô-
nier présidentiel, dont la main a entassé ce trésor
et saura bien le répandre ? Lavigerie s'embarque
à Beyrouth, pour cette première expédition d'où
il ne reviendra qu'en 1863, après l'installation
des écoles françaises et des missions catholiques
en Asie, pour venir occuper à Nancy un siège
épiscopal si bien gagné par le brillant fait d'armes
de cet apôtre et de ce Français.

Mais pourriez-vous voir longtemps, voisin des
neiges vosgiennes, ce voyageur déjà brûlé au soleil de l'Asie ? Sans doute l'administration sage
qu'il apprend, à Nancy, en l'exerçant surtout

à la fondation des écoles de Pont-à-Mousson et d'autres lieux, est une science nouvelle qu'il lui faudra acquérir supérieurement, avant de l'appliquer sur l'Afrique dont la direction presque entière est réservée à sa houlette pastorale. Mais voyez-le languir, au sein des hivers et des glaces, ce fils de la lumière et de l'été, et, s'il ne peut revenir en Asie déjà pacifiée, laissez donc s'en aller vers l'Afrique en révolte ce missionnaire et ce poète, dont la voix est si mâle quand elle parle de nos premières conquêtes sur le sol algérien :

La France se réveille, au bruit des canons d'Alger. Elle sent qu'elle cesserait d'être elle-même, si elle ne vengeait un tel outrage. Le vieux roi Charles X déclare aux représentants de la nation qu'il ne saurait le laisser impuni. En un instant, l'ardeur guerrière, si longtemps comprimée, se manifeste de toutes parts. On voit des officiers, des généraux même, solliciter, comme de simples soldats, la campagne d'Afrique. L'enthousiasme éclate surtout dans les provinces méridionales, victimes séculaires de la piraterie. Ce fut au son des cloches, avec l'accompagnement des chants sacrés et des bénédictions de l'Eglise, aux acclamations d'un peuple qui mêlait les ardeurs de sa foi au souvenir de ses souffrances, que l'armée, conduite par Bourmont, monta sur la flotte qui lui était préparée; et lorsqu'un descendant de saint Louis, l'héritier même du trône, vint traverser, à Toulon, les longues lignes de vaisseaux où les soldats de la France juraient d'être dignes de leurs pères, où les matelots, sur leurs vergues, faisaient monter jusqu'aux cieux l'antique cri de guerre de la patrie, il sembla aux témoins de cette scène sublime qu'un souffle des croisades vint soulever nos drapeaux (1).

... Déjà tout se prépare pour l'attaque. La presqu'île de Sidi-Ferruch est occupée. Une redoute, qui s'appuie, de chaque côté, sur la mer, défend le camp français contre les surprises. L'ennemi se masse, à notre vue, sur les collines de Staoueli. Il réunit bientôt, autour de ses drapeaux sans nombre, cinquante mille combattants. Le lieutenant du dey d'Alger, celui du bey d'Oran, le bey de Constantine en personne, commandent cette armée où des nuées de cavaliers indigènes appuient la milice turque. Les nôtres brûlent de se mesurer avec l'ennemi. Mais le sage comte de Bourmont ne veut rien laisser au hasard. Il retient l'impatience universelle. Lui-même, établi sur une élévation qui domine la mer, près des ruines d'une vieille tour bâtie par les Espagnols à l'époque de leur domination passagère, procède aux premiers préparatifs...

Enfin, après cinq jours d'attente, le 19 juin se lève et, avec lui, l'aurore de nos victoires.

Au signal parti de leur camp, les troupes barbares s'ébranlent et s'avancent, avec des cris, contre les redoutes que garde notre armée. Berthezène, Loverdo, Des Cars, qui commandent nos divisions, sont à la tête de leurs troupes, sous les yeux de Bourmont. Lahite et Valazé les appuient. Un vieux général de l'Empire, Porret de Morvan, occupe le poste du péril avec toutes les ardeurs de sa jeunesse.

Vous étiez là, attendant de donner vos premiers coups, obscurs encore, mais portant déjà vos victoires dans la mâle fierté de vos regards, capitaines futurs des grandes guerres de ce siècle : Lamoricière, Changarnier, Duvivier, Damrémont, qui deviez attacher vos noms à nos batailles

---

(1) *Œuvres choisies* de S. Em. le card. Lavigerie, t. I, p. 5. Poussielgue, éditeur, Paris, 1884.

africaines; Pélissier, vainqueur de Sébastopol ; Mac-Mahon, soldat intrépide de Malakoff et de Magenta; Baraguey-d'Hilliers, Vaillant, Forey, Magnan, Chabaud-Latour ; et vous, brave Dumesnil, qui deviez écrire cette noble histoire ; et vous, digne fils des croisés, Quatrebarbes, qui deviez demander à la France, dans ses assises solennelles, de terminer par la croix cette conquête commencée par l'épée, et subir à Ancone une défaite plus noble que les plus nobles victoires.

La bataille est engagée. Nos soldats ont vu, pour la première fois, accourir, en rangs confus, du fond de la plaine, à travers les broussailles et les hauts aloès, ces cavaliers arabes que nous devions trouver devant nous, durant vingt années. Leurs longs vêtements blancs soulevés par la course, rapides comme l'aigle, brandissant leurs longs fusils, ils se précipitent, arrivent à notre portée, s'arrêtent soudain, tirent et s'enfuient, pour recharger et revenir encore. C'est un immense tourbillon, où hommes et chevaux partagent la même furie et se communiquent leurs passions.

« Il s'élance, disait Job en parlant du cheval de l'Arabe, il s'élance, dévorant l'espace, dès que retentit le bruit des armes. Il entend le signal du combat, et il dit : « Vah! » De loin, il sent l'odeur des batailles; il comprend les excitations des chefs, les clameurs de l'armée. » Tel le peignait, il y a cinq mille ans, l'écrivain sacré, tel nos soldats le voient sous leurs yeux, comme une apparision de cet Orient immobile jusque dans ses ardeurs...

Alger est à nous, ou, pour mieux dire, il est au monde civilisé !

Ils la nommaient *la bien gardée*. Ils auraient pu apprendre de nos Saints Livres qu'il n'y a de bien gardées que les villes gardées par Dieu. Au jour qu'il a marqué pour leur ruine, rien ne les défend plus; ni les tempêtes ne dispersent les flottes ennemies, ni les flots ne protègent les côtes inhospitalières, ni les remparts ne sont un sûr asile. Leurs pensées se confondent, et l'antique courage qui veillait sur elles n'est que folie (1)...

Alger est à la France.

Donc Alger est à Lavigerie. Peut-il hésiter devant l'injonction presque impérative du gouverneur de l'Algérie, Mac-Mahon, qui l'appelle à l'honneur et à la dure tâche de partager ensemble le pouvoir africain ? Lorsque, jeune homme encore, il était incertain sur cette vocation réelle qui l'appelait en Orient, n'avait-il pas obéi au Père de Ravignan et à Dieu, qui lui parlait par le ministère de son prêtre :

— Si vous croyez, répondit-il alors au saint Jésuite, que ce soit la volonté de Dieu, je suis prêt !

Aujourd'hui, c'est la même réponse que fait le noble missionnaire au noble maréchal ; et du 12 janvier 1867 date l'apostolat fécond du nouvel archevêque d'Alger, dans l'Algérie et dans l'Afrique tout entière. La tâche est rude, en effet, d'amasser à la fois dans son cœur toutes les espérances de la France et toutes les sollicitudes de l'Église, pour cette Afrique sauvage qu'il faut civiliser, pour ces nègres sans connaissances surnaturelles qu'il faut instruire et amener à Dieu.

(1) *Op. cit.*, t. I., pp. 33 et suiv.

De ces vastes terres, fécondes mais incultes, que la conquête a données à nos armes heureuses, quel patriote généreux et quel agronome intelligent saura tirer la part des moissons, dues aux sacrifices de sang et d'or de la mère-patrie? De ces peuplades innombrables de nègres, quel blanc assez puissant pourra faire enfin une vraie race d'hommes, aussi apte que l'autre à l'éducation civile et religieuse? ces autres hommes, tout au plus différents par une couleur de peau qui n'atteint pas, Dieu merci! le cœur et la cervelle, — les mêmes organes, chez tous les mêmes hommes. Ce laboureur des champs et ce maître d'école, ce patriote et cet apôtre, la France et l'Église l'attendent de Lavigerie. Ils l'auront donc de ce brave qui part, au premier signal, pour cette Algérie inculte dont il va falloir faire le jardin de la France et de Dieu, au prix d'incalculables sacrifices que l'apôtre résumera plus tard dans ce beau cri d'éloquence, partant du cœur de l'ouvrier las :

Algériens des âges futurs, vous qui n'aurez pas connu les souffrances de vos pères, et pour lesquels il ne restera de cette histoire que les souvenirs lointains du passé, lorsque vous trouverez, dans les sillons de vos campagnes, les ossements blanchis de nos soldats, découvrez-vous avec respect; faites une prière pour ces braves dont aucune prière n'a béni la tombe, et dites à vos fils : — Voilà ce qu'a fait la France! Elle a sacrifié pour nous les meilleurs de ses enfants. Ce sont eux qui, pour vous donner une patrie, sont venus ici trouver la mort; non pas la mort soudaine du combat, telle que le soldat doit l'attendre, mais la mort lente et sombre devant laquelle leur jeunesse s'est courbée, avec l'héroïsme austère du devoir.

Mais qu'importe le sacrifice de la veille, que payera si largement le triomphe du lendemain? Et quel soldat fait pour vaincre, ce Lavigerie, fidèle aux hommes comme à Dieu, ardent aux deux partis et luttant pour tous deux à la fois. Vous l'avez vue, cette tête de chef, coiffée, comme un hadji, de son fez africain sous lequel l'œil brille, pour le commandement d'en avant que la voix même n'a pas besoin de proférer. Sous le turban du maître se développe un doux visage de patriarche, qui n'attend que la paix des victoires gagnées pour mener ses troupeaux parquer tranquillement dans les champs calmes que la bataille avait bouleversés. Lui, pâtre blanc, il vient, après les soldats rouges, offrir à ces campagnes désolées la paix qui fera reverdir leurs nouvelles semailles. A quiconque voudra l'entendre, il offrira la charrue et les bœufs, et aussi l'acre de terrain où tout un laboureur pourra mettre à l'abri son blé, son foin, sa femme et ses enfants. Sous la houlette de ce pâtre, des villages entiers se formeront, depuis Alger jusqu'à

Cherchell, et des gorges du Chélif en Kabylie, aux plateaux du Tell en Sahara. Saint-Cyprien-des-Atafs, Sainte-Monique, Saint-Eugène, cent autres lieux, couvrent déjà de douars aux blanches toiles ces vertes plaines où le généreux Abd-el-Kader n'avait pu installer que des gourbis fangeux. Voilà ce qu'en dix ans, dans l'Algérie, Lavigerie aura pu faire.

Et maintenant, c'est Tunis et la Tripolitaine qui l'attirent vers l'est, avec leurs souvenirs antiques et leur décadence moderne. Lavigerie ne tentera-t-il aucune résurrection sur les ruines de ces grands peuples disparus ?

Au souvenir de Carthage et de Tunis, il écrit :

... Cette résurrection d'un âge antique, n'en avez-vous pas eu la pensée, au soir d'une de ces journées d'Afrique, si belles quand elles sont belles, lorsque, du haut de Carthage, vous promeniez autour de vous votre regard charmé? Ce soleil qui va, lui aussi, rentrer dans l'ombre, dorant de ses feux les sommets de l'Atlas; cette mer immense et paisible d'où s'élèvent en amphithéâtre, le long du rivage, les collines et les montagnes avec leurs teintes enchanteresses; ce ciel diaphane, qui semble ouvrir aux regards comme à la pensée les espaces infinis; ces lacs bleus, ces blanches murailles de la Goulette et de Tunis, cette terre aux feuillages sombres, couverte déjà, dans les bas-fonds, des ombres transparentes de la nuit ; cette rade magnifique, ces ruines éparses, ce grand silence des solitudes avec son incomparable majesté, y a-t-il au monde tableau plus admirable ?

Et si, au milieu de ce silence, votre mémoire évoque la mort, quels noms et quels souvenirs se groupent autour du souvenir de saint Louis !

A la place même où s'élève son autel, la fable a placé le bûcher de Didon. C'est aussi là que, cinq siècles avant notre ère, régnaient les maîtres de l'Afrique, de la Sicile, de la Sardaigne, des îles de la Méditerranée, de l'Espagne : Magon le Grand, Amilcar. C'est de là que partaient, avec Hannon, ces expéditions audacieuses qui découvraient les côtes de l'Océan, les Iles Britanniques, l'Islande, l'Amérique, que le monde ancien devait perdre et que Colombo devait retrouver un jour.

C'est là que Régulus devient, selon la parole de Bossuet, plus illustre par sa prison que par ses victoires. C'est de là que part Annibal, pour balancer un moment la fortune de Rome, et revenir assister à la ruine de sa patrie. C'est là qu'apparaissent, tour à tour, en vainqueurs ou en fugitifs, les deux Scipion, Marius, César, Caton, et plus tard Genséric avec ses Vandales, et Bélisaire, et enfin les farouches Kalifes qui étendent, pour des siècles, sur tant de ruines, le voile sanglant de l'oubli. Et au milieu de cés sombres figures, les douces images de Cyprien, de Félicité, de Perpétue, d'Augustin, de Monique cette autre mère d'un autre roi qui ne monta pas, il est vrai, sur un trône, mais qui n'en règne pas moins depuis tant de siècles sur les esprits et sur les cœurs. Moins heureuse que Blanche de Castille, elle ne put préserver son fils des atteintes du mal ; mais elle le sauva, par ses larmes maternelles si abondamment répandues par elle, en ce lieu même, dans la petite chapelle bâtie près de la mer, au pied de la colline où elle passa la nuit cruelle qui suivit la fuite de son fils.

Voilà la scène illustre où saint Louis va quitter la terre, où, après tant de morts dans lesquelles éclatent, avec une sombre fureur, l'orgueil déçu, la volupté, la cruauté, toutes les rages des passions humaines, il va donner au monde le spectacle d'une mort sanctifiée par l'amour, par les plus sublimes espérances, par ces leçons d'un roi mourant éternellement dignes des méditations des princes et de la reconnaissance des peuples chrétiens (1).

Tel est le théâtre imposant et déjà consacré par des ancêtres fameux, où Lavigerie va marcher vers des conquêtes nouvelles, en tête des Pères Blancs, — ses soldats blancs. Les moissons d'âmes et de blés qu'il récolta sur l'ouest, en Kabylie et au Maroc, il veut aussi les posséder à l'est, sur cette côte célèbre qui, depuis Tunis jusqu'à Carthage, fut le grenier d'où Rome vit sortir le froment le plus pur, les hommes les plus forts. Ces blés et ces hommes de la Tripolitaine et de Barca, c'est un Français qui les veut : donc, il les aura ; et, quelques années plus tard, Lavigerie consacrera sur le terrain conquis la cathédrale de Carthage, de cette même main de pasteur et d'évêque qui n'a plus qu'à entasser les gerbes hautes qu'elle a fait croître ?

Et maintenant que le nord de l'Afrique est conquis à la charrue et à la croix, que va faire de sa virilité encore verte ce grand coureur de peuples, cet infatigable nomade, devant le Sahara immense dont les sables sans fond n'ont encore dessiné aucune trace de pieds blancs.

(1) *Op. cit.*, t. II, pp. 364-365.

Ce qu'il va faire? Mais repartir. Berbères, Thouaregs, Lybiens, il visitera un à un chacun de ces peuples perdus au fond de la fournaise solaire. A ceux-ci, comme aux autres, il offrira la charrue et la croix. Autour des oasis, il groupera des villages ; et, descendant plus bas vers le Soudan où ni Stanley ni Brazza ne sont venus, et sur les rives des Grands Lacs où il aura vu les sources du Nil Blanc avant l'explorateur hardi que ces lieux attendent encore, lui, dans ses missions de l'Oubanghi et du Tanganika, avec un simple crucifix de missionnaire au poing, il fera, sur le sol africain tout entier, ces miracles de colonisation civilisatrice et chrétienne que n'ont pu opérer ni les massacres de Massaouah, ni les canonnades de Khartoum.

A une vie si bien remplie par tant d'expéditions tentées au nom sacré de la France, sa mère, et de l'Église, sa fiancée, la vieillesse dorée des patriarches était bien due à celui-ci, sous le soleil d'Afrique qui éclaire son œuvre.

Cette vieillesse, toujours mâle, Lavigerie la passe à porter aujourd'hui une soutane de cardinal, aussi modestement qu'il porta sa première soutane de simple prêtre ; à quêter sous la pourpre romaine, comme il quêta sous le drap noir, pour ses chères missions, tantôt décimées par les

fièvres et tantôt ravagées par les sauterelles ; à
envoyer, aux cabinets diplomatiques qui le ques-
tionnent, des notes sages que ses propres voyages
confirment avec autorité ; à réunir ici un congrès
international, où il demande aux puissances de
protéger l'abolition de l'esclavage ; à prêcher là
cette croisade anti-esclavagiste, lui-même, en
personne, à la tête de son état-major de Pères
Blancs qui lui font la solennelle escorte ; et à
trouver encore, au milieu de ces charges et de ces
honneurs qui l'accablent, l'occasion et le mérite
de refuser le fauteuil que l'Institut lui offre et
qu'il ne peut accepter, écrit-il, pour deux raisons :

> La première est l'absence des titres qui eussent pu le
> justifier : je n'en ai guère d'autres, en effet, que ma bonne
> volonté, lorsqu'il s'agit de science et de résultats acquis ;
> et ma recommandation est insuffisante. La seconde raison
> est d'un ordre plus délicat encore : au fond, je ne suis
> qu'un missionnaire ; mes autres titres ne valent pas
> celui-là. Or, si un missionnaire doit tout recevoir, puisqu'il
> manque de tout, il est des choses qu'il ne doit pas solli-
> citer.

Ce fauteuil, que l'Académie française lui a
offert déjà et lui présente aujourd'hui encore
sous sa coupole froide, Lavigerie l'occupe plus
majestueusement sous le soleil brûlant d'Afrique

où il préside, aujourd'hui un concile à Carthage,
demain une résurrection de l'antique cité des
Barca ; lui, le grand Blanc que, du Maroc au
Soudan et de l'Algérie au Sahara, des peuples
par milliers écoutent à genoux et lui répondent
quand, la crosse d'or en main et la mitre de lin
sur la tête, il adjure ces millions d'hommes noirs
de bénir avec lui les grandes choses qu'il bénit :

℣. Aux missionnaires qui, par la grâce de Dieu, veulent
porter la lumière de l'Evangile aux peuples de l'Afrique,
assis dans les ténèbres et à l'ombre de la mort !

℟. Qu'ils sont beaux, les pieds de ceux qui annoncent la
paix, qui annoncent le bonheur ! Que le Seigneur dilate
leurs tentes !...

℣. A l'Eglise d'Afrique, ressuscitée d'entre les morts,
alleluia ! alleluia !

℟. Puisse-t-elle, après sa résurrection, ne jamais plus
mourir !...

℣. A l'armée française qui, par sa valeur invincible, a
conquis et conservé au règne de la Croix et à la civilisation
chrétienne ces régions infidèles !

℟. Qu'ils avancent sur leurs chars et sur leurs chevaux ;
et, nous, nous invoquerons pour eux le Dieu des
armées !...

Institueriez-vous, pour subjuguer les imagina-
tions ardentes de cette nouvelle Eglise d'Afrique,
un rituel plus imposant que celui auquel Lavigerie préside ?

Telle, entre autres, la cérémonie sévère qui se

déroule pompeusement, chaque dimanche, sur les hauteurs de Notre-Dame d'Afrique, devant la grande mer dont les flots bleus viennent s'étendre, comme un tapis du Maroc ou de Smyrne, jusqu'aux pieds blancs d'Alger. De la chapelle, qui domine la ville et surplombe le golfe, une procession vêtue de noir sort, à l'issue des vêpres. Noire la croix, cravatée d'un long crêpe, qui marche en tête du cortège. Noir le drap mortuaire, qui la suit et que par les six glands portent si prêtres, vêtus de chapes noires. Les cierges et l'encens de l'absoute funèbre éclairent et parfument, d'une clarté et d'une odeur de tombe ouverte, les chants de l'assemblée et les prières de l'officiant qui, tous ensemble, s'avancent vers la mer. Au bord de celle-ci, s'est enfin arrêtée la croix dont les deux bras d'argent se silhouettent sur le ciel déjà sombre, où le soleil s'éteint. Prêtres et assistants sont aussi arrivés devant la grande mer, où noircissent maintenant les flots jusqu'au plus loin que l'œil les suive. Et à cette heure solennelle, où la mer et le ciel se changent en deux sombres miroirs, se réflétant la même image de la nuit, à cette heure tranquille où tout se tait sur la terre, et où les vagues seules racontent au lointain mugissant leurs lugubres histoires, la voix du célébrant s'élève et prie Dieu pour les millions de marins morts, qui dorment dans cette mer immense et dans cet insondable cimetière...

Une autre fois, sans perdre rien de son caractère grandiose, le spectacle a seulement changé. Les forces navales de la France ont cinglé vers l'Afrique et vont mettre un instant au repos, dans la rade d'Alger, les pesants éperons de leurs cuirassés formidables. Au premier coup de canon parti du vaisseau amiral, Lavigerie a reconnu la voix mâle de la patrie sa mère, et, après ce salut militaire de la France, un évêque français a répondu à des soldats français par l'hymne national de leur commun pays, en accompagnant cet hymne patriotique de ces significatives paroles :

... L'union, en présence du passé qui saigne encore, de l'avenir qui menace toujours, est en ce moment, Messieurs, notre besoin suprême ; l'union est aussi, laissez-moi vous le dire, le premier vœu de l'Eglise et de ses pasteurs, à tous les degrés de la hiérarchie. Sans doute, elle ne nous demande de renoncer, ni au souvenir des gloires du passé, ni aux sentiments de fidélité et de reconnaissance qui honorent tous les hommes. Mais quand la volonté d'un peuple s'est nettement affirmée, que la forme d'un gouvernement n'a rien en soi de contraire, comme le proclamait dernièrement Léon XIII, aux principes qui, seuls, peuvent faire vivre les nations chrétiennes et civilisées ; lorsqu'il faut, pour arracher son pays aux abîmes qui le menacent, l'adhésion, sans arrière-pensée, à cette forme de gouvernement ; le moment vient de déclarer enfin l'épreuve faite et, pour mettre un terme à nos divisions, de sacrifier tout ce que la conscience et l'honneur permettent, ordonnent à chacun de nous de sacrifier, pour le salut de la patrie.

C'est ce que j'enseigne autour de moi, c'est ce que je souhaite de voir enseigner en France par tout notre clergé ; et, en parlant ainsi, je suis certain de n'être point désavoué par aucune voix autorisée. En dehors de cette acceptation patriotique, rien n'est possible en effet, ni pour conserver l'ordre et la paix, ni pour sauver le monde du péril social, ni pour sauver le culte même dont nous sommes les ministres...

Messieurs, je bois à l'escadre française!

Le cardinal a dit. Sur le port d'Alger, la *Marseillaise* sonne dans les audacieuses mais patriotiques fanfares des Pères Blancs. Les canons y répondent de la rade, par une dernière bordée ; et l'escadre dérape, apportant, à toute vapeur, à la France ce salut du meilleur de ses fils, de ce Lavigerie sage et sincère qui, si, en France, une république bonne est un gouvernement possible, a enfin proclamé — après vingt-un ans d'attente — la République.

Et vous savez, depuis ce toast, si la question a marché pour le bien de la France, et de l'Eglise peut-être !

———

Tel est, dans l'auréole de sa blanche vieillesse et dans le prestige de sa mission encore inachevée,

Dieu merci! le grand Français et le saint prêtre pour qui la glorification de la Patrie a été aussi chère que le triomphe de l'Eglise, et qui peut s'en aller en patriarche, au fond de ce Grand Sahara qui le reprend, comme sa première passion, et où il trouvera le tombeau si longtemps et si loin cherché. Qu'importe! si ce rayon d'automne, qui guide encore les pas du vieillard pionnier, va dorer sa mémoire et la rendre immortelle.

Ce doux soleil de l'arrière-saison, qui tombe à l'Occident, derrière les plateaux de l'Atlas, et jette sa dernière lueur sur les solitudes du Grand Désert où les vieux lions meurent, en regardant paisiblement le jour qui baisse dans les immensités d'espace où ils régnèrent si longtemps, — connaissez-vous plus grandiose scène où asseoir ce vieillard, chargé d'années et de conquêtes, au spectacle de l'Afrique presque entière civilisée par cet ancien petit pasteur du pays de l'Adour et des Pyrénées béarnaises?

MONSEIGNEUR FAVA

Avez-vous remarqué, dans les divers portraits que Victor Hugo a écrits, le trait distinctif de tous les caractères sympathiques au maître ? — Cet homme, dit-il presque toujours d'un sujet qui l'a attiré par un premier charme, avait une bouche aimable et des dents blanches qui semblaient éclairer ses paroles...

Tout le portrait de Mgr Fava se ferait presque par sa bouche : deux lèvres légèrement dessinées, comme pour le sourire fin et délicat des gentilshommes, dans un visage large et fort dont la vivacité du masque épais et la coloration des chairs vivaces indiqueraient plutôt un moine qu'un seigneur, plutôt un robuste meneur des foules par la force de la logique qu'un adroit entraîneur des partis par la finesse de l'argumentation et l'habileté des surprises. C'est cette bouche, aussi pré-

Pierre Petit, inv.   Michelet, sculp.

MONSEIGNEUR FAVA

2.

cise dans ses paroles autoritairement opportunes qu'elle paraîtrait vague et incertaine dans son sourire de bonne compagnie, que j'ai voulu faire parler elle-même.

———

— Monseigneur, lui ai-je dit d'abord, en entrant dans le petit salon des RR. PP. du Saint-Esprit où il était descendu la veille, je vous prie d'agréer mes hommages et d'excuser mon indiscrétion ; car je viens...

— M'interviewer peut-être ?... ajouta-t-il en souriant et en me faisant asseoir auprès de lui, avec beaucoup de bienveillance... Sur la santé ?

— Non, sur la politique. Vous n'ignorez pas que votre illustre collègue, le cardinal Lavigerie, a, depuis son dernier voyage, ruiné toute la confiance que nous accordons d'ordinaire aux médecins des hommes politiques et que, d'ailleurs, ceux-ci n'accordent plus de consultation à ceux-là. Et tant mieux ! Ce sont nos évêques, que nous consulterons désormais et qui nous guériront peut-être.

— Mais je vous assure que je ne suis venu à Paris que pour conduire le pèlerinage de Grenoble au Sacré-Cœur, et que ma canne de voyage n'est qu'un bâton de pèlerin.

— Tant mieux encore ! C'est dans les houlettes des pèlerins que se renfermaient autrefois les plus généreux cordiaux.

— Alors, que voulez-vous de moi ?

— Que vous nous disiez deux choses : où en est le mouvement politique et républicain que vous avez donné récemment au clergé de France, et que deviennent ces différents partis, nés d'un seul groupe qui aurait dû les réunir, plutôt que les disjoindre ?

— Vous savez ce que je demandais aux catholiques de France : l'adhésion au gouvernement constitué, lequel est le gouvernement républicain. Et je n'invoquais, pour ma cause, qu'un argument de raison. C'est l'enseignement de l'Église en général, et celui de Suarez et de Bellarmin en particulier, que toute société parfaite reçoit de Dieu ce qui est nécessaire à sa vie. Or, l'autorité est essentielle à une société parfaite. Celle-ci détient donc, en principe et en fait, le droit de se régir par son autorité même. — Et ici excluons ce prétendu *droit divin* qui n'a de fondement sur rien d'humain et qui, par conséquent, ne peut enchaîner aucune volonté humaine, libre de se régir : ce droit divin, que Bossuet se serait repenti tout le premier d'avoir créé, s'il avait pu prévoir les errements dont un roi, se prévalant injustement de ce titre, fit passer pour un dieu celui qui n'était qu'un homme, hélas ! et plus mortel même que d'autres. — Toute société humaine a donc le droit de se régir humanitairément. Mais comme une société tout entière ne peut commander, elle délègue le pouvoir à un ou plusieurs chefs, à telles conditions que fixe la société et que le chef accepte. C'est pourquoi le pouvoir, dont ledit chef est revêtu par le peuple, peut être appelé l'âme du gouvernement qui a, comme tous les êtres vivants, l'instinct de sa conservation. C'est ainsi que nous voyons les divers pouvoirs agir, de manière à se maintenir et à s'abstenir de tout ce qui pourrait les compromettre, soit dans leur réputation, soit surtout dans leur existence.

« Un pouvoir, qui serait libre, agirait conformément à ses engagements et aux principes de la justice distributive ; il prendrait souci de rendre à chacun ce qui lui est dû ; il éviterait de froisser, dans ses intérêts les plus sacrés et, partant, les plus chers, la presque totalité de la nation. — N'oubliez pas que nous sommes 37 millions de Français, et que 35 millions ont répondu à l'interrogation du dernier recensement : Quelle est votre religion ? La religion catholique ! — Il se souviendrait qu'il tient tout de cette nation elle-même tyrannisée par lui ; tandis qu'il a juré, en recevant de ses mains sa mission, de la traiter avec justice et de travailler à son bonheur. Car enfin, notre gouvernement, en prenant charge de régir la France, a passé avec le peuple souverain un contrat tacite, mais réel, par lequel il s'engageait à vouloir ce que nous voulons légitimement, soit au point de vue de nos intérêts temporels et matériels, soit sous le rapport de nos intérêts spirituels et éternels, conformément à la foi catholique que nous professons. Le gouvernement est tenu par ce contrat synallagmatique, et, s'il ne l'observe pas, la nation peut lui demander compte de sa conduite, le blâmer et même prononcer sa déchéance. Quand la Convention, réunie le 21 septembre 1792, décréta l'abolition de la royauté et se donna mission de juger Louis XVI, que fit-elle ? Elle invoqua la souveraineté du peuple et inventa des abus qui pouvaient à ses yeux légitimer son forfait.

» Remarquez bien que je dis « la nation », quand je parle de tels droits. Mais que valent, pour la représentation et l'exécution de ces droits, ces fractions nationales qui ne peuvent revendiquer, ni par le nombre, ni par la qualité surtout, le droit de gouverner la France ? J'ai nommé la Franc-Maçonnerie. Et pourtant, n'est-ce pas cette portion infime de la majorité des Français qui nous régit complètement et qui applique, sur cette majorité de 35 millions de catholiques, son principe de gouvernement implacable qui, s'il n'est pas avouable sans honte, n'en est pas moins logique avec quelque succès?

» —Se soumettre ou se démettre ! » Ainsi disaient les Francs-Maçons, en 1876, à l'un des leurs qui ne voulait pourtant accepter leur République anti-chrétienne. Et Mac-Mahon, qui a appris depuis, à ses dépens, à n'être plus Franc-Maçon, ne se soumettant pas fut obligé de se démettre. Tels sont, en politique, les détenteurs inavouables d'un pouvoir que, par insouciance de la majorité catholique de France, ils gardent depuis trop longtemps, — eux, la minorité pourtant avec laquelle ne peut et ne voudra traiter ni la Russie, amie obligatoirement secrète de la France, ni aucune nation pour laquelle les convenances publiques sont une garantie des honorabilités privées, ni aucune conscience religieuse qui répugnera toujours à tout pacte secret qu'au mépris des droits les plus sacrés une société particulière veut imposer à une société plus grande et plus française qu'elle.

» Tel est l'infime gouvernement des Francs-Maçons, qu'il faut dénoncer énergiquement au pays. Telle est la République expurgée, que la France chrétienne des trente-cinq millions de catholiques peut accepter si elle lui convient pour la forme, et dont elle est en droit par sa majorité de modifier logiquement le fond.

— Évidemment, Monseigneur, votre République de trente-cinq millions de Français catholiques sera la plus forte, par sa majorité. Mais êtes-vous bien sûr de grouper, sans dissidences, cette majorité si précieuse?

— Les Impérialistes nous suivront. Les Libéraux et les Opportunistes nous sont acquis d'avance. Il reste, je sais bien, quelques vieilles têtes de l'ancien Régime, qui se demandent encore des nouvelles du « roy » quand elles se rencontrent à l'étranger, et qui couchent encore avec les coques ou les toupets du dernier siècle. Il reste enfin les catholiques de l'intransigeance : appelons-les, entre nous, les catholiques de la rue de Grenelle.

— Précisément, Monseigneur ! Et que dira d'eux Mgr l'Archevêque de Paris ?

Là-dessus, mon hôte illustre ne dit plus mot. Mais je regarde sur un meuble le portrait de Mgr Richard. Ordinaire du couvent des PP. du Saint-Esprit et, à ce titre, maître de la maison que Mgr Fava a prise pour son hôtel, le bon prélat sourit entre ses claires lunettes, comme s'il comprenait le silence respectueux de l'évêque, son hôte, qui m'accompagne à la porte et dit, en terminant :

— Vous voulez donc tuer tous vos Généraux, d'un coup ? Laissez-en derrière, pour le recrutement. Et qui sait si, en fait de recrutement, Mgr Richard, avec sa sagesse lente et réservée, ne s'y entend pas mieux que nous autres ?

C'est mon tour de sourire, à l'idée de ce capitaine de recrutement ou de général de réserve qui indique, avec beaucoup d'exactitude, la nature tardigrade encore que précautionneuse de l'Archevêque de Paris. Et comme, pour l'adieu, je prends et baise la topaze de la main que Mgr Fava me tend, je regarde encore sur le meuble le bon petit portrait du cardinal qui continue à me sourire sans malice, tout bonnement, dans sa modeste auréole de mica.

———

L'évêque de Grenoble est déjà à la porte, qu'il a ouverte. Derrière ses larges et hautes épaules de prélat romain dont il porte la simarre légère et le col blanc, comme le symbole sympathique de son esprit réformateur et libéral, je vois encore s'en aller plus au fond du salon et s'y perdre le bon et timide portrait de l'Archevêque de Paris dont la soutane française paraît aussi étroite, de la ceinture que des manches, et qui, devenu par le cardinalat prince romain, n'a rabattu que le rabat de son ancien costume teint en rouge ultramontain, — de violet gallican qu'il était, — par un trop sobre teinturier de la rue des Saints-Pères qui depuis, grâce à Dieu, a agrémenté ses couleurs. Et résumant enfin toute sa doctrine par un mot, Mgr Fava, qui a ouvert toute grande la porte où il n'y a plus qu'à passer, pour arriver à la République des sages et à la pacification finale de la France chrétienne par la majorité de ses sujets :

— Adieu, monsieur, dit-il. Et en avant !

III

LE PÈRE DIDON

Un chef au milieu de son camp, c'est lui dans son école. Le geste haut pour le commandement, la voix forte accompagnant le geste net et, pour vivifier tout cela, l'œil noir qui brille là-dessus et qui entraîne les volontés aux actes, comme un vrai général les siens, plutôt à l'attaque qu'à la défense, plutôt à la lutte pour la lutte qu'au repos pour le relâchement, et toujours vers quelque inattendue et désirable victoire.

De celles qu'on remporte à Arcueil, le père n'en veut pas sans ses fils : les petits et les grands de l'école, qui sont tout le sujet des discours ordinaires de l'éloquent prieur et qui, étant de moitié à la bataille, peuvent certes compter de moitié au triomphe.

Ces jeunes têtes de huit à quinze ans ont bien inspiré le père, cette année, à la distribution des

LE R. P. DIDON

prix d'Arcueil, dans une improvisation sur « l'éducation de la volonté » d'autant plus belle que
l'écriture d'aucun sténographe ne la fixerait, et
que le souvenir en retiendrait tout au plus les
idées jetées et emportées au vent, comme ces
graines qui sèment, au hasard de la montagne ou
de la plaine, un chêne à côté d'une fleur.

— Je vous demande grâce, leur dit Didon en se
levant tout haut, comme dans l'inconnu qu'il va
explorer pendant plus d'une heure de voyage, je
vous demande grâce si, pour honorer vos triomphes littéraires, je ne vous apporte pas un petit
modèle de discours. Mais ne sachant pas lire, je
parlerai ; la parole est après tout ce qui importe
le plus.

Après ce début heureux que toutes les têtes
approuvent, — même les plus blondes et les plus
petites que je vois sourire et s'agiter de plaisir, à
l'idée que c'est pour elles, autant que pour les
grandes, que le père Didon va parler, — l'orateur
établit nettement le problème de l'éducation, toujours posé et jamais résolu. Car les siècles qui surviennent doivent apporter à cette éducation toujours nouvelle d'autres éléments, d'où germeront
d'autres espoirs pour les races suivantes. Ainsi
va-t-il de l'éducation à travers les âges, jusqu'à la
perfection que l'homme doit atteindre.

...Telle l'éducation, tel le pays. Qu'adviendra-t-il de la vôtre, pour la gloire du pays français au service duquel nous vous formons? Nous, morts, pourrons-nous tressaillir de fierté dans nos tombes en apprenant que, de vous, nous aurons fait des soldats invincibles et des savants victorieux?

...Des soldats, il en faut, et voici déjà vingt et un ans que l'histoire vous dit pourquoi. Des savants, il en fallait à tous les siècles; mais demandez aux Pasteur qui découvrent, à notre époque, le monde des infiniment petits vivants, s'il en faudra surtout demain pour poursuivre leurs investigations dans ce monde nouveau qui se découvre à l'œil ravi de l'humanité sauvée de la peste et d'autres maux d'origine inconnue, par les remèdes que l'on connaît enfin.

...Pour ces énergies militaires et pour ces études savantes, quelle faculté victorieuse faut-il? Je ne dis pas qu'il faut d'abord la faculté de religion, et mon argumentation n'en paraîtrait que plus impartiale. Je dis qu'il faut surtout la faculté de volonté, maîtresse de toutes les autres. Grâce à elle, vous serez les hommes que vous voudrez être: religieux par vos âmes, forts par vos mains, savants par vos esprits. Vous serez des hommes, le voulant: des hommes de votre temps; des démocrates, certes, si votre temps le veut ainsi; des soldats invincibles, quand le pays l'exigera de vous; et des savants enfin ; car la science, c'est le génie de la volonté. Que vos volontés grandes montent à la hauteur des difficultés que votre génération est appelée à vaincre. Et ne craignez pas, étant ainsi, que nous, qui serons bientôt la génération qui n'est plus, nous tressaillions d'autre chose que de fierté, en apprenant dans nos tombes quelles auront été vos victoires sur ce grand monde à posséder plus largement, à mesure qu'il se découvre plus vaste...

Après cette harangue, où le chef a laissé loin derrière lui le rhéteur, un frisson d'enthousiasme monte de l'auditoire ému, vers les drapeaux qui semblent aussi s'agiter d'intention aux murailles. Et l'on proclame les prix.

Je ne sais par quelle sympathie particulière je remarque surtout les toutes petites têtes blondes, hautes à peine de la hauteur de leurs couronnes de laurier. Elles ouvrent des yeux bien grands à la gloire qui semble leur apparaître sur l'estrade, dans le personnel des professeurs laïques et religieux se groupant autour du prieur de l'école. Et je me rappelle, devant ces visages curieux, ce mot dont Lacordaire les apostropha un jour, dans une circonstance aussi solennelle :

— Mes enfants! vous entendez ici les premiers coups de canon de la gloire.

« La gloire!... Quelle gloire?... Celle de vivre et de vieillir?... Ah! pauvres artilleurs d'une si pauvre pièce... »

———

Ainsi parle Didon, pour l'éducation des cadets. Et pour celle des aînés, que dira-t-il?

— Vous arrivez de Malines, mon Père, lui dis-je en l'abordant avec cette liberté qu'il aime, et vous y avez trouvé peut-être des mœurs politiques un peu différentes des nôtres.

— Oh! tout à fait différentes. Je sors d'un pays monarchique et libre, pour rentrer dans un pays républicain et asservi. Ce que j'ai vu là-bas, c'est une assemblée d'hommes, laïques et clercs, qui s'était réunie de son plein droit et qui se dissoudrait de sa volonté propre. Sous la tutelle de cette liberté de réunions, égale pour chacun, — pour les évêques et leurs prêtres, comme pour tous les citoyens de l'État, on a proposé sans pression quelques questions religieuses et sociales que, sans influence officielle, on a adoptées ou exclues. Et savez-vous la résultante de ces discussions libres et de ces votes personnels? Une harmonie finale des sentiments les plus divers, que la critique libre avait mieux informés, et que l'ensemble des opinions consultées a entraînés à l'expression générale qui ressortait du vote total et qui, — sans autre hésitation de la minorité convaincue, convertie par la majorité, — répondait à la question par une solution péremptoire et pouvant, au besoin, lui servir de formule et de règle.

« Je quitte la Belgique, après y avoir admiré le libéralisme sage de son Épiscopat que les franchises de l'État laissent se réunir et s'entendre, quand des questions l'agitent individuellement et l'obligent à se consulter aussitôt pour dicter la règle générale à laquelle se conformeront toutes les opinions particulières. Pas une mésintelligence ne trouble ces esprits, pas une division n'aliène ces cœurs. Cette petite église se groupe, à son gré, de son droit et selon ses besoins éventuels, autour de l'archevêque de Malines présidant à ses conseils, non pour y exercer son influence personnelle, mais pour en diriger seulement les débats laissés libres jusqu'aux conclusions lesquelles, par exemple, sitôt posées, obligent à leur exécution la plus stricte l'épiscopat, le clergé, le premier comme le dernier des fidèles. — J'arrive en France, et j'y retrouve les questions religieuses qui la troublent au même point où elles en étaient, lorsque j'étais parti. Les solutions que tous les

catholiques attendent se font peut-être plus difficiles encore, par les exposés différents que plusieurs évêques en présentent. Faut-il adhérer, ou
non, à la République? Affirmativement! répondent les uns. Négativement! interrompent les
autres. Il y a aussi ceux qui ne disent rien et qui
ne font point avancer les affaires d'un bien grand
pas. Enfin, quel gouvernement civil sera le nôtre?
Car, pour être des catholiques, nous n'en restons
pas moins des citoyens. Mais, chez nous, les
questions s'embrouillent à merveille; et j'ai peur
que la multiplicité des formes gouvernementales,
auxquelles se rattachent de vieilles et pourtant
respectables sympathies, ne vaille pas pour le
bien commun la simplicité de la seule forme de
gouvernement qui existe, à cette heure, et à laquelle il serait si facile de se rattacher, — puisque, aux yeux de l'Église, cette forme de gouvernement est tout aussi acceptable que les
autres. Plus acceptable que les autres, oserai-je
dire, puisque c'est elle qui régit dejà la majorité
des Français, à laquelle n'a qu'à se joindre sa
minorité pour le bien général du pays.

« Eh bien! cette minorité, admettons qu'un
groupe d'évêques y participe. Est-ce à la République française de le leur reprocher, elle qui ne
leur permet pas de se réunir en concile national,

3.

de consulter leurs divers sentiments, de les harmoniser enfin en une conclusion qui ferait loi, entraînant la minorité des plus faibles par la majorité des plus forts qui, ceux-là, nous le savons, sont des hommes plus jeunes et par conséquent plus en conformité avec les exigences de leur temps. En sorte qu'en refusant au clergé, — comme à tout autre groupe de citoyens, — le droit de se réunir et de se consulter, la République s'enlève le moyen le plus favorable de s'imposer aux sympathies de l'Église qui, divisée, n'adhère pas et qui, groupée, n'en doutez point, constituerait un ensemble parfait de républicains fidèles.

— Et cette liberté de réunion, avez-vous espoir que l'Eglise de France l'obtienne?

— Certainement. A la longue, peut-être. Mais à coup sûr. Qu'aurait besoin des catholiques de France, la République française, dites-moi, si ce n'était que pour augmenter d'autant d'esclaves survenants le nombre déjà trop grand des Français asservis par un gouvernement trop despotique, tel qu'il existe aujourd'hui avec ses lois odieuses d'exception. Un catholique est surtout un homme libre, sortant de cette grande école des justes libertés humaines — qui s'appelle l'Eglise. Qu'aurait à faire de nous la République, si ce n'était à nous affranchir, — elle qui n'a déjà que trop d'esclaves à sa solde, qu'elle ne suffit même plus à payer ?

« Enfin, que la République s'ouvre à tout Français ; et tout citoyen, clerc ou laïque, — laïque surtout, — y entrera. Ou elle restera fermée, elle, despotique, à tout électeur libre ; et les électeurs catholiques n'auront que faire de frapper à sa porte. Pour l'instant, cette porte n'a qu'à laisser la clef sur elle ; si elle veut que les catholiques, s'étant consultés librement en des assemblées rendues libres, et s'y étant consultés unanimement pour le bien général de la France et de son gouvernement existant, entrent chez elle et travaillent pour elle, comme des fils pour leur mère commune, non comme des intrus tolérés seulement par une marâtre qu'ils auront la fierté de ne jamais confondre avec la bonne et généreuse et auguste patrie.

— Et cette République, ouverte à tous ses citoyens, nous en promettez-vous le règne à prochaine échéance ?

— Vous voilà bien, avec vos impatiences. Quand j'étais jeune, je voyais vite et de près ce qui était loin encore et que je n'atteindrais qu'après de longues marches. Mais aujourd'hui que je descends l'autre versant de la montagne, je m'éloigne d'autant du soleil qui illusionnait mes regards ; et je me rapproche aussi d'autant du point final où l'on touche enfin le but, où le rêve se réalise : j'ai nommé la tombe. Vous frémissez ? C'est sur elle pourtant que finissent le plus souvent par germer les plus fertiles espérances. Il faut se battre, il faut tomber, il faut mourir. D'autres se lèveront, à notre place, pour profiter de nos victoires. Pour moi, chaque jour, je remercie Dieu de m'avoir fait vivre dans un siècle plein de trop de sanglantes batailles pour que, de ces champs où nous aurons lutté jusqu'au dernier soupir, ne sortent pas un autre siècle plus heureux et une autre génération plus calme qui devra aux morts, tombés pour elle, la paix chrétienne et politique dont elle jouira. Cette paix générale, je ne la verrai pas. Vous y assisterez peut-être. Vous n'en serez pas plus réjoui que vos pères...

Tandis que le Père Didon prononce ces paroles avec une âme que je voudrais leur prêter en les reproduisant, je regarde son œil plein de flammes, sa bouche forte et comme charpentée sur sa saillante mâchoire où aucun mot ne tremble, ses cheveux fermes et noirs encore, Dieu merci! Et je ne peux m'empêcher de sourire et de dire au solide champion, en le quittant, lui, qui n'est certes pas encore à l'heure de nous dire au revoir :

— Bast!... cette République de demain, vous nous aiderez bien à la proclamer?

Et comme sa tête incrédule chancelle :

— Eh bien! vous la baptiserez seulement, voulez-vous ? (1)

(1) Voir, dans ce même volume, au chapitre réservé à Paul de Cassagnac, l'important discours que le Père Didon a prononcé dans la cathédrale de Bordeaux, le 17 janvier 1892.

IV

MONSEIGNEUR ISOARD

Avez-vous jamais vu la tête d'Emile de Girardin ?
Alors, vous connaissez celle de cet évêque qui
y répond trait pour trait, par l'énergique et fine
silhouette du visage aigu aux angles, et par le
jeu d'acier qui se dégage des yeux brillant à froid,
de la parole coupant à vif, de toute la personne
courte, menue, agressive. Le journalisme mili-
tant eût fait la fortune certaine de ce polémiste
d'instinct. D'éducation, l'épiscopat a préféré
tailler dans ce prêtre savant et pieux un de ses
plus précieux joyaux, pour sa couronne déjà si
riche : mais, pour être un joyau, le diamant n'en
reste-t-il pas moins la plus incisive et la plus
résistante des armes radiantes ?

Tel est Isoard, à soixante-douze ans de sa vie
et dans les neiges des monts savoisiens, qui n'ont
pas pu glacer cette âme ardente et qui semblent

Pierre Petit, inv.　　　　　　　　Michelet, sculp.

MONSEIGNEUR ISOARD

marquer à la fois les limites de son royaume qu'il bénit et de son exil qu'il ne saurait maudire.

Tel il était à Paris, dans l'École des Carmes dont les études subirent sa vive direction, et à la chapelle de l'Oratoire où sa voix courte de professeur plus à l'aise dans une salle de gymnase que dans une vaste église fit courir et presque s'égayer, aux plus spirituelles des conférences prononcées jusqu'alors, tout un public charmé qui s'en souvient encore :

— Seulement, ajoute la fine auditrice qui me rappelle délicieusement ce passé, j'y apportais chaque fois deux voilettes. Si mes voisines m'avaient vu rire !... Il est vrai que, tout autant rieuses, elles pouvaient me scandaliser aussi bien.

Le malicieux et toujours délicat conférencier, si agréablement ouï, ne devait-il pas devenir à son tour auditeur ? Il le fut, en Chambre de Rote, de l'année 1867 à l'année 1879 où, non point M. de Freycinet comme s'est plu à le publier un malveillant rédacteur du *Matin*, mais seulement ses chefs hiérarchiques le proposèrent à l'évêché vacant d'Annecy. « Mon amitié avec M. de Freycinet, — écrivait-il confidentiellement, peu de jours après sa lettre protestataire du 15 décembre 1891 contre ce même ministre oublieux du droit commun, et pour assimiler à titre égal les droits du catholique et ceux du citoyen, — mon amitié avec M. de Freycinet que j'ai vu deux fois, avec qui j'ai fait deux promenades autour de notre hôtel, aux eaux de Saint-Nazaire, il y a treize ans, avec qui je n'ai eu depuis lors aucune espèce de relations, est une mauvaise plaisanterie. » La vérité, que trois personnages faciles à citer attesteraient encore, est que l'abbé Isoard fut nommé à l'évêché d'Annecy dans des conditions invraisemblables. Une maladie de sa mère venait de le rappeler subitement, de Rome en France. Lorsqu'après avoir rendu les derniers devoirs à sa chère défunte il arriva à Paris, le dimanche 11 mai 1879, il y trouva deux lettres qui le cherchaient depuis trois jours : l'une, du ministre, lui donnant avis qu'il était évêque d'Annecy ; l'autre, du nonce, lui disant que le Pape voulait le préconiser le samedi suivant. L'élu ne gardait pas moins la conviction que ses forces physiques ne lui permettraient point de remplir toutes les fonctions de l'épiscopat.

Pour ce motif, il n'avait jamais pensé à être évêque, il n'avait jamais dit ou écrit un mot qui pût laisser supposer ce désir. Il n'avait été ni averti, ni consulté. Le nonce lui expliqua que M. Paul Bert, à la demande du sénateur M. Parent de Chambéry, se proposait de demander la suppression de deux des quatre sièges de la Savoie ; que le Pape, d'accord en cela avec le gouvernement, voulait que le siège vacant dans ce pays fût immédiatement rempli. Le lendemain lundi, le courrier de Rome emportait les pièces permettant de préconiser Mgr Isoard, le samedi suivant. « Mais, ajoute le nouvel évêque à son indiscret confident, c'était trop simple pour être cru. »

Aussi bien, pouvons-nous répondre de ce haut caractère que les soufflets du prétoire n'honorent pas moins que son Maître, qui les reçut avant lui, et admirer dans ses actes de haute lice cet évêque hardi et cet habile polémiste qui, le premier, a osé et su dire en face à la République française — sa protectrice pourtant, ajoute-t-on, — ses quatre vérités.

C'est dans ses lettres politiques, mieux peut-être que dans ses mandements religieux, que ce prélat, usant de son droit strict de citoyen attaqué qui riposte, donne au public admirateur l'entière mesure de son âme d'apôtre dangereux à frapper et, peut-on ajouter, de journaliste difficile à réduire. Ecoutez-le vous parler lui-même, de sa voix fine et de ses mots incisifs, dans cet écrit qui est la confession politique la plus adroite et la plus franche dont ait osé jusqu'à ce jour s'honorer l'âme d'un évêque. Son type s'en dégagera plus nettement que du plus intime et du plus complet interwiew.

Il s'adresse aux comités de la jeunesse catholique d'Annecy, et leur dit :

Messieurs,

Vous vous proposez de consacrer des efforts généreux et soutenus à la défense de l'intérêt suprême de la foi, de la religion, dans ce département.

Les combinaisons et les luttes d'intérêts très diverses ont, depuis longtemps, placé les catholiques de France dans cette condition qu'ils ne peuvent faire valoir les droits qu'ils tiennent de leur religion même, sans se trouver engagés sur le terrain où se débattent les opinions politiques. Il me paraît donc opportun, et même nécessaire, d'établir nettement quelles sont nos vues sur les affaires publiques, et, pour parler le langage habituel, quelle sera notre politique.

Un changement notable s'est opéré, depuis une année, dans un grand nombre des meilleurs esprits, en ce qui concerne la forme du gouvernement en France, et les relations de la religion, de l'Église avec tel ou tel gouvernement.

On ne comprenait, au commencement du mois de novembre 1890, que deux situations politiques et religieuses. On disait : d'un côté les monarchistes, qui sont ou doivent se montrer catholiques ; de l'autre côté les républicains, qui sont en réalité ennemis de toute idée religieuse et surtout de l'église catholique, ou qui doivent, au moins, se comporter comme s'ils avaient dans le cœur ces sentiments de dédain et de haine. — Vous êtes bon catholique ? Donc vous êtes monarchiste. — Vous êtes républicain ? Alors, vous êtes impie, athée. La conscience religieuse était, dans l'opinion commune, rivée à l'une ou à l'autre de ces attitudes politiques.

Les déclarations du cardinal Lavigerie et de quelques évêques sont venues briser ces alternatives fatales; la carte des partis en France a été modifiée et l'on a dû déplacer les frontières et tracer de nouvelles limites. Bon nombre d'hommes, qui se croyaient obligés d'être monarchistes parce qu'ils étaient religieux, ont été heureux de pouvoir se montrer attachés à une forme de gouvernement républicain sans rien diminuer de ce qu'ils doivent au plus sacré des intérêts, celui de la foi.

Ils partaient de points qui pouvaient bien éloigner les uns des autres; l'éducation, les relations de famille, les habitudes de pensée et de langage, la crainte de l'ancien régime chez les uns, un éloignement instinctif et trop justifié par l'histoire, chez d'autres, pour les seuls mots de république et de républicains; que de causes de divergences entre nous, je dis entre nous catholiques et Français! Chacun de nous est donc arrivé par des chemins différents, suivant le point de départ, à ce même état d'esprit : on peut être bon catholique et professer des opinions républicaines.

J'ai eu occasion de dire plusieurs fois, depuis le mois de novembre 1890, quel est le motif qui a dicté ma propre conduite en ces circonstances.

Je tiens qu'une monarchie héréditaire est désormais impossible en France. Cette conviction est bien ancienne dans mon esprit, et rien, depuis les premiers mois de 1870, n'a pu l'ébranler, la rendre hésitante un seul instant. Aussi, pendant les onze années passées au milieu de vous, n'avais-je point dit ou écrit un mot qui pût donner à penser que j'attendais, que j'espérais le retour d'un souverain et le rétablissement d'une monarchie. Le moment de parler étant venu, je ne me suis point borné à dire : Ecartons, à dessein et momentanément, toute idée de restauration; j'ai dit : une restauration est impossible.

Par habitude, on posait ce dilemme : ou république ou monarchie : choisissez !

Et je dis : il n'y a pas à choisir, par la bonne raison que l'un des contendants a disparu. La Monarchie héréditaire n'est plus qu'un souvenir; il ne reste, sur le terrain, que la République.

Nous n'avons eu, — je parle et pour moi-même et pour ceux qui partagent ce sentiment, — nous n'avons eu ni à passer d'un parti dans un autre parti, ni à faire une option, une adhésion quelconque, ni à demander une admission, ni, par-dessus tout, à nous constituer les serviteurs et les sujets des hommes qui proclament que le gouvernement et leur personnalité c'est tout un. Rien de tout cela. Nous disons : La France est une république, le gouvernement de la France est républicain, comme l'on disait il y a cent cinquante ans : La France est une monarchie, le gouvernement de la France est monarchique. Ainsi, non seulement nous reconnaissons le fait présent du gouvernement républicain, mais nous ajoutons encore que toute tentative pour substituer la forme ancienne du gouvernement à la nouvelle serait vaine, que la vie d'un peuple ne se recommence pas plus que celle d'un individu, et qu'il faut prendre les peuples comme les gens, à l'âge où ils sont si l'on veut les servir et leur être utile. Nous ne disons point : Cet état des choses est heureux, ou il est regrettable; nous disons simplement et absolument: Cela est.

On nous a fait sommation de fournir des preuves de notre assertion : Toute monarchie est impossible en France. Nous l'avons fait dans une lettre qui a reçu quelque publicité. Ces indications avaient leur utilité il y a dix mois. Mais aujourd'hui ce serait un travail superflu que de chercher dans les faits historiques des cent dernières années et dans l'analyse des dispositions d'esprit de nos contemporains la preuve que la monarchie n'est plus possible en France : les monarchistes déclarés nous l'ont donnée dans le cours de cette année, et elle est péremptoire.

Les chefs incontestés des catholiques ont quitté les positions qu'ils occupaient depuis si longtemps. Ils étaient, dans leur langage, dans la pensée de tous, catholiques et monarchistes; la seconde de ces qualifications était inséparable de la première; ils ont apparu, catholiques seulement. Ils sont universellement et très justement respectés; ils ont, en toute occasion, montré du caractère, de la constance, un attachement invariable à leurs principes; ils sont fidèles au roi, comme l'on disait autrefois.

Ce sont ces hommes de bien et d'honneur qui ont dit à tous les catholiques : Jusqu'ici notre programme d'action comprenait deux termes inséparables : la monarchie et la religion; la monarchie d'abord, pour mieux servir la religion. De ces deux termes, il convient de soustraire pour un temps le premier. Contractons un engagement de combattre avec tous les hommes qui veulent la justice envers tous et la liberté religieuse, quelle que soit d'ailleurs leur opinion dans les choses de gouvernement. La République existe aujourd'hui; elle est probable pour demain. Ne regardons pas au delà; monarchistes, efforcez-vous d'agir comme si vous ne l'étiez point. Néanmoins *gardez vos espérances*.

Parler ainsi c'est reconnaître qu'une restauration monarchique n'est pas prochaine. C'est être bien près d'avouer qu'elle n'est pas possible.

En attendant, l'on dit : *Gardez vos espérances.*

Quelles espérances? Evidemment, de voir s'effondrer la République, ou d'elle-même, ou sous vos efforts, de voir une monarchie, un état monarchique se rétablir, ou par la force des choses, ou par une victoire victorieusement gagnée.

Voilà les espérances permises, conseillées aux catholiques monarchistes, lorsqu'on les exhorte à faire alliance avec les catholiques qui tiennent fortement à la République.

Nous croyons pouvoir dire aux hommes si honorables

qui tentent d'organiser pour le bon combat ce recrutement
d'éléments hétérogènes, nous croyons pouvoir leur dire:
La situation où vous venez de vous placer est aussi fausse
que possible. Vous vous êtes arrêtés à mi-chemin. Vous
avez perdu vos anciennes défenses et n'en pouvez pas
élever de nouvelles. — Les catholiques se voient enrôler
dans la neutralité : ce rôle les intimide et les blesse. — Les
républicains pourront se dire, et avec quelque fondement :
Vous nous demandez de devenir vos alliés dans une guerre
juste et pour la défense d'une cause sainte : mais, en même
temps, vous nous laissez entrevoir l'éventualité de n'être
plus que vos sujets, lorsque nous aurons vaincu ensemble.
Nous ne pouvons traiter sur ce pied.

Les fondateurs de l'association conciliatrice s'étonnent
du peu de succès des invitations multiples qu'ils adressent
à tous les hommes indépendants et dévoués à toutes les
causes justes. Ils disent : Pour tous les catholiques français, un intérêt souverain est en péril ; jusqu'à ce qu'il soit
vengé, toutes les autres voix doivent se taire, tous les
autres intérêts doivent être écartés. « La Foi est en péril » ;
quoi de plus naturel, de plus raisonnable que d'inviter les
catholiques de France à oublier pendant quelques mois ou
quelques années les intérêts de second ordre qui les divi-
sent, pour ne se souvenir que de l'intérêt supérieur qui
doit les resserrer dans un même embrassement ?

Nous répondons : Oui, cette proposition est naturelle.
Oui, vous avez pour vous la logique, mais vous avez
contre vous la nature humaine et, ici encore, c'est contre
une impossibilité que les bonnes volontés viennent se
heurter. Les hommes sont dominés, subjugués, par les
intérêts immédiats, par les exigences de la vie de chaque
jour. Se rallier pour la sauvegarde d'un intérêt supérieur
et commun, avoir le regard fixé sur l'avenir, persévérer
dans la lutte, autant de conseils de la sagesse qui sont
étouffés par le bruissement des préoccupations quoti-
diennes, comme, dans l'Evangile, la jeune tige de froment

est étouffée par les épines. Les alliances formées par deux adversaires contre un ennemi commun ne sont possibles que dans le cas d'un péril extrême, et ne se maintiennent que durant un court espace de temps. Nous l'avons pu voir, en France, il y a vingt années. On ne faisait qu'un dans le combat; le lendemain, à Bordeaux, à Versailles, on se défiait du regard, on était redevenu adversaires.

L'histoire a, d'ailleurs, sur ce point, un grand et décisif enseignement.

Pendant cinq siècles, soixante-huit Papes ont fait des efforts ininterrompus et énergiques pour unir les princes chrétiens, comme on disait alors, contre Mahométans, Sarrasins, Turcs, Barbaresques. Ils demandaient que chacun oubliât pour un temps ses ambitions, ses craintes même de dangers plus rapprochés, mais moins graves, pour fixer uniquement son attention sur le péril imminent et terrible de l'invasion de l'Europe par le Turc. C'était encore la pensée du dernier des Papes qui ont prêché la croisade, de saint Pie V, après la bataille de Lépante. Il envoyait ses légats auprès des princes chrétiens pour les supplier de faire trêve à leurs querelles particulières, de former une dernière croisade qui permît de profiter du grand avantage qui venait d'être obtenu, et d'en finir avec un impitoyable ennemi.

Cette haute sagesse n'a pas été comprise; les efforts des Souverains Pontifes n'ont pas eu le succès qu'ils s'en promettaient. Sans doute, lorsque le Turc n'était qu'à quelques journées de marche, des voisins rivaux et défiants les uns des autres se levaient bien ensemble pour le repousser. Mais, avait-il subi un revers et fait un pas en arrière, on s'arrêtait, on rentrait chez soi; on se demandait avec inquiétude si le voisin chrétien ne tirerait pas plus de profit que soi-même de la victoire commune. On se disait : Je ne veux point travailler pour l'empereur, — pour le roi de France, pour l'Espagne.

La ligue chrétienne était à peine formée qu'elle se dissolvait: ses membres ne pouvaient pas oublier l'opposition de leurs intérêts réciproques: ils ne pouvaient pas se résigner à ne se préoccuper que du présent et à réserver l'avenir.

Les hommes si dignes d'estime et de respect, qui tentent, à l'heure qu'il est, de former, sous un titre ou sous un autre, une croisade contre les sectaires qui mettent chez nous « la foi en péril », ainsi que l'affirme S. Em. le cardinal de Paris, ces hommes généreux ne seront pas plus heureux, je le crains bien, que ne l'ont été les Papes au moyen âge, et jusqu'à la fin du seizième siècle, dans la formation des croisades. On se demandera toujours, au moment de former une alliance : C'est bien ; mais qui profitera de la victoire ?

Aussi longtemps que les monarchistes voudront, par loyauté, pour l'honneur du principe, affirmer qu'ils espèrent contre toute espérance, les sectaires les signaleront toujours comme un épouvantail aux républicains qui ont l'esprit de justice et témoigneraient volontiers de leurs sentiments religieux ; et ces hommes honnêtes, par crainte d'un danger qui, en soi, est chimérique, mais qui, pour eux, sera sérieux, continueront à se grouper, à se serrer autour des révolutionnaires de race : Sauvez-nous, leur diront-ils, sauvez-nous, coûte que coûte, de l'ancien régime !

C'était, pour beaucoup, un suprême espoir que celui d'une union de tous les catholiques, oubliant leurs dissentiments politiques et se donnant une aide mutuelle pour sauver la Religion en France ; cet espoir devant être abandonné, que reste-t-il ?

Il reste de voir les choses comme elles sont dans la réalité, et de vouloir se conduire ensuite d'après ce que l'on aura vu et constaté.

La réalité, c'est l'effacement de plus en plus rapide de l'esprit monarchique ; c'est la disparition de ses facteurs essentiels. La réalité, c'est la non-possibilité de la monar-

4

chie héréditaire. Qu'on en porte le deuil, que beaucoup veuillent le porter jusqu'à la fin de leur vie : c'est un sentiment qui mérite une haute estime. Mais tout a une fin, et surtout dans un temps où tout marche avec une rapidité inconnue jusqu'à nos jours. La Sainte Ecriture nous dit qu'il faut, pendant un certain temps, « pleurer sur le mort, puis, ces premières heures passées, reprendre courageusement sa vie de travail. »

Que les monarchistes se conduisent d'après ce conseil. Qu'ils cessent d'avoir le regard attaché sur des tombes qui ne se rouvriront pas. Qu'ils n'amusent plus leur esprit de ces images d'une époque qui a été grande, qui a eu de si beaux jours, mais que Dieu a laissé sombrer dans l'abîme du passé.

La réalité, c'est la république démocratique, seule forme de vie publique qui puisse présentement correspondre à l'état des esprits, à la situation toute nouvelle qu'a fait naître cette prodigieuse multiplicité de relations qu'ont entre eux les citoyens d'une même nation.

En exposant, comme je viens de le faire, ma pensée sur les conditions politiques et sociales de la France, j'ai la conviction, messieurs, d'avoir analysé et exprimé vos propres sentiments.

Nous sommes donc purement et simplement des Français, vivant en un temps où la France est une république et ne concevant pas qu'elle puisse cesser de l'être. Cela posé, nous disons aux pouvoirs publics, quels que soient les hommes qui les occupent et en font jouer les ressorts, — que pour nous la religion est un fait social, et non pas seulement « une affaire privée » ; — que nous avons, dans la société, des droits comme catholiques, comme fils de l'Eglise catholique ; — que, ces droits, nous sommes fermement résolus à les faire valoir — et enfin que les gouvernements ont le devoir de les respecter et de les faire respecter.

Je demande instamment à Dieu de bénir vos efforts, de

soutenir votre courage, de vous récompenser, dès cette vie, par le succès.

Recevez, messieurs, l'assurance de mes sentiments aussi affectueux que dévoués.

† Louis,
Evêque d'Annecy.

Cette lettre, écrite par Mgr Isoard pour quelques jeunes hommes d'Annecy, me ramène de dix ans en arrière, pour un souvenir personnel.

Il y a donc dix ans déjà que, la politique nous laissant des loisirs, nous nous occupions plus agréablement d'études théologiques au Collège Romain, quelques étudiants et moi. La maison de la rue Santa Chiara, d'heureux et d'inoubliable souvenir, servait de quartier général à notre groupe de jeunes Français auxquels s'étaient mêlés quelques étudiants Suisses. Nos évêques, passant par Rome, choisissaient d'ordinaire notre modeste pied-à-terre, et je peux dire qu'en quelques années seulement j'y ai vu successivement presque tous les pré' ..s de l'Église de France. Oserais-je ajouter que j'étais assez jeune et assez hardi pour y étudier nos visiteurs illustres et, quelquefois d'une seule entrevue, pour dégager un jugement qui m'est resté d'une impression qui eût dû m'être passagère.

C'est là que je vis, quelques jours seulement

avant sa mort, le regretté cardinal Pie dont la
rondeur obèse faisait du tort à la hauteur des
épaules imposantes encore, malgré le manteau
rouge qui gênait l'allure bonne de cet orateur
simple et affranchi, comme un filet où les ailes
d'un fort oiseau se seraient prises.— Là aussi pas-
sait, à son heure, le majestueux Turinaz, que la
maison de Santa Chiara traitait en familier,
comme un de ses premiers enfants, malgré la
soutane violette qui, sans l'avoir grandi depuis,
ne semblait pas l'avoir diminué. — Un jour,
c'était Mgr Meignan, bon comme son visage, fin
comme son esprit ; une espèce très sympathique-
ment originale de professeur — moitié Français,
moitié Allemand, surtout Sorbonien, —qui n'était
à son aise qu'avec son pardessus jeté sur les
épaules et où saignerait vivement le ruban de la
Légion d'Honneur, gagné par ce savant comme
par un soldat ; et là, bien à l'abri des courants
d'air et de l'indifférence publique, se pâmant
d'aise jusqu'au ciel, le familier archevêque vous
invitait à y monter avec lui, en le priant de vous
réciter les fables de La Fontaine : celle du *Renard
et du Bouc*, entre autres, qu'il traduisait avec un
art du maître et un intraduisible malice. — Un
autre jour, c'était un autre distingué Sorbonien,
Mgr Bourret, à la soutane moins violette que son

visage, dont les yeux fins et pétillants servaient de lampe même à votre intelligence avant qu'il n'eût ouvert la bouche, pour vous étonner chaque fois : cet incroyable troubadour de la poésie chrétienne, à qui il faut ses pâtres rhodésiens pour auditoire et la Montagne Noire pour maison.

Combien d'autres évêques passèrent par chez nous, jusqu'à ce jour où j'en vis venir un d'aspect bien singulier. Blanc de visage, mince de corps, bien dans son gant de nouveau prince, aussi léger de mouvements que l'envolée manteletta romaine où il évoluait a l'aise et avec grâce ; j'en dégageais l'image d'un délicieux renard bleu ou violet, — mais un de ces renards que ne prennent pas... les poules. Il ne pérorait point, il causait. Il ne phrasait jamais, il ponctuait. C'était court, clair, incisif. On comprenait ce qu'il disait, on devinait surtout ce qu'il laissait sous-entendre. Devant ce prélat bien moderne, on mettait aisément le moyen-âge à plusieurs siècles en arrière. Lorsque, de préférence à mes camarades Français, il s'approchait de nos confrères Suisses, il s'inquiétait de tout sur eux, leur demandait s'ils étaient bien, surtout s'ils étaient mal, ce qu'ils désiraient encore de leur évêque ; et quand je demandai de quel diocèse de la libre Helvétie cet homme précieux était évêque :

4.

— Plaise à Dieu qu'il soit nôtre ! C'est l'évêque d'Annecy... me fut-il répondu par les meilleurs sujets de l'Université, que Mgr Isoard avait fait passer de Suisse en France et de France au Collège Romain, pour s'entourer plus tard d'intelligences aussi distinguées que la sienne.

Je n'ai, depuis, entendu reparler de Mgr Isoard que l'autre jour, par un journaliste, qui en disait du mal ; mais si mal que, de l'article anodin de ce nul journaliste, je me suis reporté à la lettre récente de cet évêque citée plus haut et qui peut lui servir de réponse. Eh bien ! prose pour prose, celle des évêchés vaut celle des gazettes ; et, pour un journaliste improvisé, celui d'Annecy ne fait déjà pas si mal sa besogne.

LE CARDINAL RAMPOLLA

V

LE CARDINAL RAMPOLLA

Un vrai Sicilien, par la taille élancée, la noir-
ceur des cheveux et la distinction du visage.
Presqu'aussi beau que joli, par l'air d'enfant qu'a
cet homme. Énergique pourtant, par la profondeur du regard, par la ténuité des lèvres que les
dents mordent à l'intérieur, et auxquelles l'habitude du silence prudent donne extérieurement la
forme oblongue d'un antique sceau d'abbaye. Le
teint mat des chairs s'ajoute sur ce masque charmant, pour y effacer la moindre trace visible de
la plus insignifiante impression. Un vrai seigneur,
de l'âme au corps, par sa naissance et ses manières.
L'expression de toute sa personne serait plutôt
agréable que sévère et vous charmerait aisément,
si le cardinal Rampolla del Tindaro n'avait à se
rappeler à chaque instant que son office est de
vous écouter et non de se faire entendre, de vous
observer et non de se traduire, de pénétrer jus-

qu'à votre pensée au lieu de vous livrer la sienne,
— je ne dis pas par ses paroles, qui sortent de sa
bouche frappées et comptées, comme autant de
pièces de monnaie pouvant avoir libre cours;
mais par ses gestes mêmes, dont le plus caracté-
ristique est celui de la main remontant fréquem-
ment à la bouche, pour y fermer les lèvres si
étroitement closes de l'Éminence silencieuse.

Mais, sous cet extérieur de rigueur officielle,
vit et palpite l'âme la plus méridionale et la plus
libérale peut-être de ce groupe cardinalice qu'on
appelle « les Siciliens du Vatican ». C'est l'*Ame
blanche*, dit-on à Rome, de celle de Rampolla.
Comment, avec ces qualités natives, accommode-
rait-il les qualités ministérielles de sa nouvelle
charge? nous demandions-nous, au moment de
son élection, pendant que nous buvions, entre
amis, à Rome, de ce délicieux Chianti que nous
servait, non loin du Corso, l'osteriere Jacobini —
un parent du défunt Secrétaire d'État, dont Rampolla allait prendre la place. Cette place devait, non
refaire, mais compléter l'occupant. Je vois encore,
comme aux premiers jours de sa haute élection,
le jeune cardinal, — moins jeune par ses quarante-
cinq ans que par ses cheveux noirs et son visage
de *garzoncello* qui ne lui prêtaient pas cet âge,
— je le vois traverser mystérieusement les Loges

de Raphaël et accompagner Léon XIII vers les
jardins du Vatican : deux apparitions, dont l'une
blanche était suivie par l'autre noire, comme une
ombre suit son corps, et qui glissaient harmo-
nieusement muettes sur les marbres des Chambres où nous nous cantonnions, pour les laisser
passer sans être vus et comme sans les voir.

Depuis ce jour, de graves événements ont fait
suite à l'apparence calme des affaires que le jeune
Secrétaire d'État avait accepté conduire : d'abord,
une politique rendue particulièrement difficile par
des alliances internationales, de la fortune desquelles dépendrait l'infortune et peut-être la ruine
du Pouvoir des papes; et puis, hors des affaires, la
seule consolation qui restait au foyer de cet infatigable diplomate, sa mère, qu'il adorait et qu'il
devait perdre sitôt, l'autre mois. Vous vouliez son
portrait ?... Vous rappelez-vous celui qu'a peint
Ary Scheffer, de saint Augustin et de sainte
Monique? La mère, dont les vêtements blancs
sont comme des ailes blanches qui vont s'ouvrir, dit un dernier adieu au fils qui la regarde
s'en aller tristement de ses yeux noirs et vifs, lui,
que des luttes pénibles retiennent encore à la
terre et qui les affrontera, d'une âme désormais
sans gaieté mais non plus sans courage.

Les amis du cardinal Rampolla disent qu'il a

beaucoup changé, depuis la mort récente de sa mère, — son unique consolation terrestre ; — et que le seul culte du devoir commencé le retient encore aux luttes âpres de la politique qu'il continue d'affronter d'une âme austère et d'un mâle visage où, depuis le 'épart de l'absente, une indicible expression de tristesse reste peinte. Ce Rampolla à tout jamais orphelin, et ce Secrétaire d'État si obsédé par la besogne journalière dans laquelle il s'est jeté éperdument, comme en un fleuve d'oubli, — surtout depuis son deuil, — comment la lettre que je lui adressais parviendrait-elle jusqu'à lui ? Accepterait-il de répondre aux questions graves que je prenais la liberté de lui poser ?

— Éminence, lui disais-je, vous connaissez les difficultés de la situation présente, en France, et quelles intentions — les meilleures du monde — menacent cependant de l'aggraver. Vous savez quel conflit est sur le point d'aggraver le mouvement républicain où les catholiques ont été engagés récemment par quelques-uns de leurs chefs les plus illustres. Aujourd'hui, ils ont à accepter ou à refuser le gouvernement de la République, mais ils n'ont plus à s'y tenir indifférents. Or les évêques, auxquels il était bien permis d'accorder la première voix délibérative dans cette question, se sont divisés en trois groupes. Les uns ont dit :

oui ! Les autres ont dit : non ! Les derniers n'ont rien répondu encore. Faut-il parler de ceux contre lesquels le gouvernement se plaît à exercer de maladroites poursuites ?...

La résultante de ces indécisions a été un amoindrissement apparent de la majorité catholique, dont le parti des républicains hostiles a bien eu garde de ne pas profiter. Et ceux-ci, profitant encore des derniers troubles de Rome, et de l'incident de l'archevêque d'Aix, ne proposent rien moins que la séparation de l'Église et de l'État, solution radicale, disent-ils, de tout conflit pouvant diviser ces deux corps dirigeants. Et comme première conséquence de cet ordre parfait, qu'une telle séparation établira à tout jamais, le retrait d'emploi de notre ambassadeur auprès du Saint-Siège s'imposerait logiquement de lui-même. Et puis, viennent les lois contre les associations. Que devons-nous penser et faire? A notre place, Éminence, que penseriez-vous et que feriez-vous ?

— J'ai hâte, m'écrit le cardinal Rampolla, dont je traduis textuellement la lettre, de répondre à vos demandes du mois courant, pour détruire vos hésitations et vous épargner, quant à présent, le voyage de Rome que vous vous étiez proposé d'entreprendre.

« Une précédente lettre que j'ai écrite récemment à Mgr Baduel indiquait clairement l'opinion du Saint-Siège dans l'affaire dont vous m'entretenez. Je peux vous assurer que la même lettre exprime, aujourd'hui aussi, la pensée du Saint-Père ; de telle sorte qu'il suffit à un catholique de la consulter encore, pour savoir ce qu'il doit faire et comment il peut se conformer aux désirs du chef auguste de l'Église... »

Voici ce texte :

Il est facile de connaître la pensée et le sentiment du Saint-Siège sur cette question, d'après la doctrine exposée dans les actes publiés à ce sujet. Il appert de ces actes que l'Église catholique, dont la mission divine embrasse tous les temps et tous les lieux, n'a rien, ni dans sa constitution, ni dans ses doctrines, qui répugne à une forme quelconque de gouvernement ; car chacune d'elles peut offrir et maintenir une excellente condition de société, si l'on en use avec justice et avec prudence.

En effet, l'Église, s'élevant au-dessus des formes changeantes de gouvernements, aussi bien que des querelles et des rivalités des partis, s'attache avant tout aux progrès de la religion, au maintien et au développement de laquelle elle doit s'appliquer à donner tout son zèle et tous ses soins. S'inspirant de ces pensées et de ces considérations, le Siège apostolique, fidèle à suivre la tradition de tous les temps, non seulement respecte les pouvoirs civils (que l'État soit gouverné par un seul ou par plusieurs), mais aussi entretient des relations avec eux, en envoyant et en recevant des ambassadeurs et des légats, engage des négociations pour le règlement des affaires et la solution des questions qui intéressent les rapports de l'Église et de l'État. L'accomplissement de ce ministère, dont l'importance dépasse les choses humaines, ne préjudicie rien, quant aux droits qui peuvent appartenir à des tiers, ainsi que l'a sagement déclaré le pape Grégoire XVI de sainte mémoire, en suivant les traces de ses prédécesseurs.

C'est pourquoi, le même souci du bien de la religion, qui guide le Saint-Siège dans les négociations qu'il engage avec les chefs d'État, doit être aussi la règle des fidèles dans les actes, non seulement de la vie privée, mais aussi de la vie publique. En conséquence, lorsque les intérêts de la religion l'exigent, et lorsqu'aucune raison juste et particulière ne s'y oppose, il convient que les fidèles prennent part aux affaires publiques, afin que, par leur zèle et leur autorité, les institutions et les lois se modèlent sur les règles de la justice, et que l'esprit et la salutaire influence de la religion s'exercent pour le bien général de l'État.

Maintenant, pour ce qui regarde les catholiques de France, il n'est pas douteux qu'ils ne fassent œuvre rtile et salutaire si, en considération de l'état dans lequel se trouve depuis longtemps leur pays, ils veulent suivre la voie qui les conduira le plus promptement et le plus efficacement à ce noble but que j'ai indiqué.

Pour obtenir ce résultat, on peut beaucoup attendre de l'action sage et concordante des évêques, beaucoup de la prudence des fidèles eux-mêmes et plus encore, pour finir, de la force même et de l'action du temps. Cependant, comme la nécessité de défendre la religion et les principes sur lesquels repose l'ordre social, fait converger vers elle toutes les sollicitudes de tous ceux qui ont à cœur le salut de la société humaine, il importe souverainement que les catholiques de France s'accordent entre eux et prennent le rôle dans lequel ils pourront le mieux exercer l'activité de leurs forces et la grandeur de leur zèle.

Ceux qui, mettant en œuvre les querelles suscitées par les rivalités des partis, voudraient engager l'Église et les forces catholiques dans un combat plus étroit, ceux-là écarteraient leur pensée des biens suprêmes vers lesquels il faut faire converger leurs forces. A agir de la sorte, ils épuiseraient en vain ces forces, sans aucun fruit de salut ou de gloire, et finalement, ils causeraient un grand dommage à l'illustre nation française, en laissant s'amoindrir en elle ces principes souverains du juste et du vrai, ces œuvres excellentes et ces traditions catholiques qui, formant comme le trésor commun de la nation, lui ont toujours procuré de grandes forces et une gloire insigne.

Au reste, j'ai le ferme espoir que les catholiques de France, dont on connaît le zèle admirable pour la religion et le remarquable amour pour la patrie, comprendront parfaitement quels sont les devoirs qui leur sont imposés par la nécessité des temps et que, dociles à la voix de leurs pasteurs, ils travailleront avec une parfaite entente des esprits et avec une union des forces qui, seule, peut amener au but désiré.

Après ces déclarations si formelles, que reste-il à faire ?

Deux choses.

Aux catholiques de France — évêques, prêtres et laïques réunis, sans division aucune — d'adhérer unanimement à la forme du gouvernement constitué, qui est celle de la République, et de ne point se laisser troubler par les discussions inopportunes des Associations.

Aux anticatholiques de ce même pays, de continuer à en persécuter les libertés religieuses sous le couvert des libertés politiques qu'ils ne peuvent se résoudre à concéder également à chaque citoyen de cette France faussement dite égalitaire.

Mais, ni les uns, ni les autres, ne pourront arguer désormais des hésitations de leurs consciences, par l'ignorance de leurs esprits. « Rome a parlé », leur répondra-t-on, comme au temps de moindre parti-pris où cette voix était encore entendue. Pour aujourd'hui, entendue ou non, il est certes permis d'ajouter que « la question est résolue ». Et que, lassant à la longue bien des patiences généreuses par tant de maladroites irrésolutions, les catholiques prennent garde à cette traduction libre du « causa finita est » par « la cause est finie » ! A quoi leurs plus dévoués défenseurs pourraient bien ajouter :

— Tant pis pour eux !

DEUXIÈME PARTIE

LE BAS CLERGÉ

I

LE VICAIRE

L'hiver me précédait de quelques semaines ; et l'express, qui m'apportait à tours de roues vers la petite ville de X***, traversait dans une dernière ensoleillée de novembre les dernières feuilles jaunes et rouges tombant en pluie d'or et de sang, au passage envolé des voitures. En sorte, que la villotte où j'avais hâte d'arriver, je la regardais se perdre sous la rayure éclatante de cette pluie de feuilles et dans les brouillards blonds de ce soleil d'hiver, moribond dès l'aurore, que je considérais mélancoliquement naître et s'éteindre derrière les glaces embuées de la portière.

J'avais hâte, dis-je, d'arriver.

Et pourquoi ?

Pour interviewer l'abbé Bernhardt, un des

vicaires de X*** et un de mes premiers camarades de collège, qui, depuis des années que nous ne nous étions point revus, avait bien autre chose à faire qu'à penser encore à moi et qu'à répondre à mon enquête, peut-être impertinente :

— Monsieur l'abbé est-il républicain, s'il vous plaît ?

———

La preuve qu'il ne s'attend pas à ma visite, c'est qu'il me fait répondre par une sèche et longue pimbêche de vieille demoiselle, — parlant comme chez elle, — sa patronne de maison, sans doute :

— Monsieur l'abbé est sorti !

L'impertinente n'eût pas été plus délurée, à dire ce que d'ailleurs il me semblait entendre : « Monsieur l'abbé fait répondre à monsieur qu'il est... »

Mais à Gasconne, Gascon et demi :

— Mademoiselle, dis-je hardiment à la personne mûre dont j'ai peut-être deviné l'état civil, c'est de la part de M. le marquis de Cinq-Quart (écrivez Saint-Car !) que je désirerais...

— Ah, parfaitement !... Montez, Monsieur ! ajoute, d'un palier du premier étage, une voix qui descend l'escalier. C'est mon grand et invisible abbé, en la personne duquel je reconnais aussitôt mon ancien camarade d'école. Lui aussi a ravivé, sitôt que moi, ses souvenirs; car il se met à rire et à me prendre par un bras, pour m'introduire dans sa chambre, quand je lui dis :

— Mon cher! de ce Cinq-Quart, ôtes-en un; et il te reste, en entier, ton ancien « TYPE » de jadis.

— Oui, c'est bien toi. Tu as joliment fait de forcer la consigne. Tu sais, tant de badauds, qui demandent à chaque instant : « Monsieur l'abbé par-ci !.. Monsieur l'abbé par-là !.. » qu'un cerbère à la porte n'est pas de trop, tu peux croire. Entre donc !

— Ah ! on te demande beaucoup, toi. Tu as de la chance.

— Si l'on peut dire ! Mais entre donc? Ma chambre !..

Sa chambre : excusez du peu. Un vaste cabinet de financier, à deux fenêtres et à doubles rideaux, à imposant bureau-secrétaire de milieu et à hautes boiseries de bibliothèque regorgeant de livres bien reliés, dont pas un ne manque à son rayon, pas un qui traîne sur les meubles, pas un d'ouvert pour l'étude. Les tableaux de famille, suspendus à la tapisserie des murs, sont surtout remarquables ; autant d'ancêtres de « Mademoiselle » la propriétaire, — ancienne fille d'un général

5.

qui eut des infortunes, — et dont l'abbé a seulement l'usufruit. Mais suis-je venu ici, pour relever le plan d'un garni de province ? Et, m'étendant dans le large fauteuil que mon jeune hôte a roulé devant le premier feu de la saison, à bûche flambant neuve, je me rappelle heureusement le but de ma visite.

— Ah çà ! mon cher, es-tu républicain ? lui demandai-je à aussi brûle-pourpoint que les pétillements du bois sec dont les mille étincelles volent en fleurs autour de nous.

— Que veux-tu dire ? ajoute-t-il, en me regardant comme si j'arrivais d'ailleurs que de Paris.

— C'est pourtant de Paris que je viens, tout exprès, pour te poser cette question.

— Cette ?... ajoute-t-il sans finir, de plus en plus ahuri.

— ... Eh bien ?... insisté-je pour conclure, de moins en moins étonné de son étonnement.

L'abbé me regarde et je regarde le feu, lui et moi sans paroles. Après cette seconde pause, où mon silencieux interlocuteur s'est rendu compte de la folie, pourtant froide, de l'ami qu'il réchauffe pour un instant à un coin de son feu :

— Alors, oui ?.. Ou bien, non ?.. Quoi encore ?..

— Mais, mon cher, répond enfin péniblement l'abbé, que pouvons-nous être, mes collègues et

moi, sinon ce que nous sommes? Et, puisqu'il
s'agit de politique, sais-tu ce que la politique rap-
porte à nos postes de vicaires des grandes villes?
Zéro franc! zéro centime!.. C'est trop peu, pour
que vous y puissiez croire. Mais c'est la triste
vérité, et la malheureuse raison pour laquelle les
républicains de notre groupe sont encore à chercher le coin de feu qui les chauffe et le coin de
table qui les fasse manger. Après tout, œil pour
œil, n'est-ce pas?

— Ton œil veut dire, si je ne me trompe, que
tu fais à la République celui qu'elle te fait à toi-
même. — A l'œil? te dit-elle. — A l'œil! lui ré-
ponds-tu.

— Dame! Si la politique n'est que la science
des intérêts matériels, pourrions-nous plus justement riposter pour la défense des nôtres?

— Non certes!... Mais de votre patriotisme,
qu'en faites-vous?

— Et vous, du vôtre? Eh! que vient faire le
patriotisme dans cette question de forme? Comme
si un gouvernement, en temps de paix, repré-
sentait autre chose que les gros sous. Vienne la
guerre, et le patriotisme aura son heure. Jusqu'a-
lors,... ouitch!

— Oui, je comprends ton geste. C'est-à-dire
qu'entre les petits sous de monsieur le ministre

qui ne comptent même pas pour vous, et les sous doubles de monsieur de Saint-Car (n'écrivez plus Cinq-Quarts !) vous préferez ceux-ci à ceux-là. Du temps où nos douze premiers vicaires pêchaient la carpe, autour des lacs de Galilée, cette argumentation eût été réprimandable peut-être ; mais qui la relèverait, de nos temps où le poisson (non plus les anciennes aloses des fêtes miraculeuses) est si cher, surtout au prix du beurre où il se frit.

— Tu l'as dit. Et voici l'heure où mes poissons, à moi, m'appellent à la pêche : je veux dire, les fils de messieurs nos bourgeois qui, Dieu merci ! se font encore baptiser, catéchiser, marier, enterrer, et qui, formant à eux seuls notre maigre budget, à eux seuls sont aussi les justes représentants de notre république. Entends-tu la cloche ?.. Mille regrets ! Je dois sortir.

— Enfin, vous n'êtes pas républicains, quoi ! vous autres, messieurs les vicaires ?

— Nous autres, messieurs les vicaires, nous ne sommes pas républicains, quoi !

— Et vous n'espérez pas le devenir bientôt ?

— Nous ?.. Mais, quand on voudra.

— Alors, qu'attend-on au Ministère des Finances ?

— Oui, qu'attend-on, au Ministère des Finances ?

— C'est bon ! Sitôt de retour à Paris, je te promets que...

— Oui, oui ! tu feras bien. *Intelligenti pauca*, hein ?.. Entendu !.. Au revoir !

———

C'est égal ! me disais-je en regardant partir mon bel abbé dans sa soutane fine, sous son chapeau de castor lustré et dans ses souliers brillants où, malgré cette journée d'hiver, le soleil faisait luire deux astres : quelle perte pour la république ! J'allais hausser la voix, pour rendre plus amère l'expression de mes regrets, quand la vieille sèche demoiselle, — propriétaire conservatrice de céans, — devinant ma pensée, se précipita vers la porte et l'ouvrit, devant moi, toute grande.

II

J'avais quitté la voie ferrée, à une station perdue au fond d'une campagne toute grise des derniers bois sans feuilles et toute froide des premières matinées de l'hiver. Longeant la route cantonale sur un bord dont la nuit précédente avait gelé les ornières et où le pied se heurtait, je regardais, pour tout spectacle depuis cinq kilomètres de promenade dans le silence ou dans le vent, la rayure infinie des bois morts où, vers le fond, allait se perdre en s'y mêlant la silhouette embuée de l'horizon qui faisait pressentir la rivière.

A un coude de la grande route, où un petit chemin — fait pour une charrette — s'amorçait, je rencontrai un poteau indicateur et j'y lus : — *Saint-Estèphe, 2 kilom. 300 mètr.* Vers l'autre bord du chemin vicinal, une croix vermoulue, sur une assise verdâtre de vieilles pierres, marquait une frontière de la petite paroisse. Là, quittant la grande route, j'entrai dans une petite plaine qui se rétrécissait, à mesure que j'avançais vers un fond de vallée d'où émergeait, entre dix chaumes enfumés, une espèce de mur en trèfle formant façade d'église et percé, au milieu, de trois trous où présentement une cloche sonnait.

— Je suis sur la paroisse de M. Bréguet, n'est-ce pas ?... demandai-je au premier paysan que je vis arriver sur le chemin où sa carriole et ses bœufs me cantonnèrent sur le talus, pour les laisser passer.

— Oui, oui! Il sonne même sa messe. Bonjour !...

— Bonjour !...

Quelques cents pas de plus dans ce paysage morne, et j'arrivais dans une église, moussue des pavés jusqu'aux toits qui laissaient voir le jour entre leurs fendillures, ouverte de la porte mal jointe et des vitraux moitié cassés, si nue avec sa nef de grosses dalles sans une âme dessus, si froide avec ses deux cierges pâlis de l'autel où ils brillaient comme deux pauvres étoiles en pleine nuit d'hiver, et entre lesquels l'abbé Bréguet, — que je reconnus vite à la carrure de ses épaules et à sa voix, —

semblait gelé dans l'aube blanche et l'ornement doublé de lustrine, qui lui tombaient tristement sur le corps. Sur le mien, je reboutonnai jusqu'au menton mon pardessus, et j'attendis la fin du Sacrifice dans cette froidure de glacière. *Sanctus!*... *Pater noster!*... *Agnus Dei!*... *Ite missa est!*... C'était la fin. L'abbé souffla lui-même ses cierges, descendit de l'autel, entra en sacristie. Quelques minutes encore pour son « action de grâces », et je frappai à sa porte.

—Vous, ici?

— Moi, ici!

— Qu'y a-t-il donc de nouveau à Paris, que vous l'ayez quitté à cette heure ?

— Plus grand'chose; puisque, du nouveau, c'est chez vous que nous venons en chercher, Monsieur le Curé.

— Non, pas possible!... Mais, dites-moi, vous n'avez pas déjeûné? Vite, quatre à quatre, au presbytère. Vous me raconterez vos histoires ensuite.

Au presbytère? Le malheureux!... Il voulait dire au grenier.

Nous montons. A droite, nous laissons les cloches; à gauche, les combles et, tout au fond de ces derniers, en nous baissant sous les poutres qui menacent de nous décapiter, nous le trouvons enfin... ce presbytère ! Une première chambre, la cuisine, où un vieux chat se gèle dans les cendres. Une deuxième chambre, la salle-à-manger et la chambre-à-coucher à la fois — le cabinet d'étude aussi — où l'abbé Bréguet m'installe, sans façon, devant une table boiteuse et un réchaud à esprit-de-vin qu'il allume :

— Une tasse de café, n'est-ce pas ?.. Y ajoutez-vous un peu de lait ? Voilà le pain ! Mangez, buvez : je vais dire à Mariotte de nous faire déjeuner de bonne heure. J'arrive. Je suis là. Faites comme chez vous.

Et de la porte, qui se referme et d'où j'entends crier par la fenêtre : « Mariotte !... Hé ! Mariotte !... » presqu'aussitôt après j'écoute monter des sabots. C'est un bruit pesant de vieille fille et une conversation mêlée des cris déchirants d'un canard, qu'on tue, et de la recommandation dernière de l'abbé qui, reparaissant sur la porte, ajoute : « ... Et bien cuit. Pour que le navet soit bien bon, il faut qu'il soit bien cuit ! »

— Et maintenant, mon cher Monsieur, je suis à vous.

— Oh ! Monsieur le Curé, pourquoi pas « mon ami ! » comme au bon temps où vous nous expliquiez Tite-Live, au collège ?

— Si vous voulez, mon ami. Mais que ce temps

est donc loin de nous ! Vous voilà homme, déjà, c'est à me rendre vieux, malgré mes trente-six ans... Et vous, depuis, en avez-vous fait, du chemin ! Oh ! je lis les journaux, je sais tout.

— Hélas !

— Eh bien !... comment va donc la République?

— Précisément, voilà la nouvelle que je venais vous demander.

— A moi !

— A vous !.. Messieurs les curés de campagne, vous êtes républicains, nous dit-on ?

— Pour cela oui, que nous le sommes. Mais non sans sacrifice, allez ! Voyez vous-même.

Ce mot était sublime, accompagné du mouvement tranquille de la tête qui se tournait autour de cette chambre misérable où vivait, sans se plaindre, après quinze ans d'études supérieures et à trente-cinq ans d'une robuste vie de travailleur, cet homme à qui, en France, quinze mille autres hommes ressemblent et qui, lorsque leurs compagnons des premières études se sont faits officiers, médecins, notaires, avocats, à des milliers de francs de rétribution annuelle, eux, gagnent neuf cents francs et se disent partisans d'un gouvernement républicain, sous la tutelle duquel ils meurent de misère.

— Républicains, oui, nous le sommes dans tous

les presbytères de campagne. Et pouvons-nous ne pas l'être? D'où venons-nous? du peuple, et le plus humble. Où vivons-nous? dans la chaumière, d'où nous étions sortis. — Je sais bien que nous passons cinq ou six ans par les vicariats des villes, à y porter des boucles d'argent sur les souliers vernis, à y faire la cour à monsieur le marquis et à madame la bourgeoise sa nouvelle alliée : mais les boucles tombent des pieds, toutes seules; quant aux souliers vernis, deux pas seulement dans le guéret, et vous ne les reconnaissez plus. Le vicariat, c'est l'erreur. La cure, c'est l'amendement. — Oui, oui, républicains, de pères paysans à fils paysans, nous, leurs curés, nous le sommes. Voyez notre clocher, le plus haut point où notre idéal tende sans l'atteindre toujours, — heureux qui peut bâtir le sien ! — un coq le domine : le coq gaulois des paysans, nos vieux pères. Et l'aigle impériale, ou le lys monarchique?... Que non pas ! Est-ce que ce sont les fils des rois, des princes ou des marquis, qui ont jamais su faire un curé de village, eux à qui une abbaye millionnaire ne suffisait pas quand ils se décidaient à entrer dans les Ordres ? Et nos campagnes mêmes, est-ce que ce sont nos seigneurs qui les émancipèrent, eux qui ne trouvèrent de bonnes que celles qu'ils purent avantageusement grouper sous le donjon de leurs châteaux ? La France d'aujourd'hui, morcelée en autant de parcelles qu'il y a de paysans à sacrer rois indépendants sur leurs fiefs, chacun chez soi, c'est celle-là et rien que celle-là que nous, fils de ces humbles, nous reconnaissons, vous dis-je. Et c'est la République enfin, qui est notre gouvernement de liberté, comme celui de nos pères.

« Ah ! cette liberté, nous commençons par la payer un peu cher. Mais qui sait, à ce prix, le bien que nous nous réservons pour plus tard ? Aujourd'hui, c'est encore la lutte du bas clergé qui voudrait politiquement s'affranchir, à l'aide du haut clergé qui ne le lui permet pas encore. Mais vous, qui vous plaignez de lois encore trop rigides pouvant conduire un honnête homme aux galères, une fois pour toujours, regardez ce que nous devenons journellement avec les censures autocratiques de nos évêques qui, par un interdit sans appel, peuvent faire d'un brave prêtre un malheureux paria à tout jamais déshonoré !

» Je ne dis, non plus, rien de ce nouveau petit roi du village que vous installez dans son salon et dans ses meubles, avec tous les enfants des familles laïques pour son peuple et quelques milliers de francs pour ses appointements : ce roitelet, qui

percherait sur notre petit doigt, avec toute sa
science d'instituteur formé en trois ans d'école
normale et insuffisante, quand nous en mettons
quinze à pâlir sur nos livres autrement ardus, et
à venir blanchir de vieillesse et de mérite aussi
au galetas de ce clocher. D'ici, jetant les yeux
sur le village, nous voyons là-dessous notre rival
jeunet, frisquet, pimpant, qu'un meilleur poste
est seul capable d'enlever à un poste inférieur.

» Mais qu'est-ce que cet avantage d'une heure,
contre ce prêtre qui, pour l'éternité, se plaçant entre
ces deux mystères immenses de la naissance et de
la mort, aura, par là même, bien d'autres forces
pour gagner la partie engagée? Et cette partie, si
vivement engagée aujourd'hui, pourquoi la compromettre par des vétilles, aux premières heures
du combat?... Si nous sommes républicains, de-
mandez-vous? Oui, malgré nos misères de bourse;
oui, malgré nos rivalités de clocher et d'école; oui,
malgré nos divisions de confrères supérieurs qui,
plus politiques que nous dans leurs évêchés inalié-
nables ou dans leurs cures inamovibles, ne peuvent pas être plus éloquents avec leurs adhésions
bruyantes à la République, que nous avec notre
tacite et inébranlable attachement à celle-ci. Nous
prions Dieu seulement qu'elle se bonifie. Mais de
tout ce que je vous dis là, ne retenez que cette

chose : d'un paysan républicain ne peuvent naître que des fils républicains ; et cette France républicaine et paysanne, c'est nous, les curés de campagnes, qui la sommes !

» Et maintenant, mon fils ! termina bonnement l'abbé Bréguet, en attendant la poule au pot républicaine qui est en train de cuire, à coup sûr, je vous invite à partager le canard clérical — aux navets.

» Allons, à table ! »

III

C'était foire, ce jour-là, à Cazals.

Le messager, qui m'avait chargé sous ses bâches à vingt-cinq kilomètres en amont, m'avait dit pour me tranquilliser, vers huit heures du matin et dans les brouillards montant glacés des prés et des rivières : — que nous arriverions certainement sur le *foiral* au premier coup de l'angelus de midi, et que nous trouverions monsieur l'archiprêtre Heurteloup entre les premières rangées de vaches ou sur la porte de son presbytère. C'était lui qui faisait la cote approximative du transit ; chez lui, que se débattaient les prix probables de la Bourse.

Les troupeaux, qui précédaient et qui suivaient notre carriole, avaient fini par la cerner des roues et des ridelles, et semblaient la pousser des toisons et des cornes vers la place où chacun pénétrait à son tour, à son rang, dans une odeur énervante de fumure dont les brebis surtout parvenaient à attiédir l'atmosphère glacée des brouillards.

Tout à coup, comme notre monture arrivait au tournant de la Place et se casait, tant bien que mal, dans la cohue survenante des autres voitures et des autres troupeaux, un homme, un prêtre apparut, dominant de son haut et fort buste le tapis blond des échines de bœufs et les têtes cornues les plus surélevées de l'esplanade. Un de ces bœufs, qui ne voulait pas prendre son rang dans l'enfilée des bêtes de péage, fut empoigné aux cornes par les poings fermes de l'abbé, et refoulé en reculade à son endroit. Le paysan, patron des bêtes, qui remercia ce maître rangeur, le nomma par son nom. C'était, en personne, l'archiprêtre Heurteloup.

— Monsieur le Curé, lui dis-je en l'abordant, voulez-vous permettre à un voyageur, qui vient de loin, de vous présenter ses hommages?

— Et vous venez vraiment de loin pour cela, Monsieur?

— De Paris.

— Ah! diable! C'est une belle ville, nous dit-on.

— ... Que vous connaissez probablement ?

— Moi ? Qu'aurais-je à en faire ?... ajouta-t-il suffisamment, en remontant sur son long ventre sa ceinture. Puis, détournant la tête vers le marché aux bœufs : — Avez-vous, à Paris, des bêtes de ce genre ?

— De ce genre ? Peut-être non, Monsieur l'Archiprêtre.

— Oui, je comprends ! ajouta-t-il grossement. Et se penchant vers mon oreille, il prononça toute une phrase. Comme j'essayais de rire à mon tour : — Vous êtes des nôtres, mon enfant ! continua-t-il.

— Et vous, Monsieur l'Archiprêtre, êtes-vous de la République ?

Si j'avais pris la liberté de pincer ce bon prêtre dans les chairs vives de son bras, il n'aurait pas ouvert des yeux plus blancs. Sa parole et sa respiration s'arrêtèrent, tout court. D'un mouvement gêné, il rabattit les plis de la ceinture qu'il avait tout à l'heure éployée d'un air si satisfait. Enfin, se reprenant :

— Moi ?... Pourquoi pas ?...

— Et vos confrères, messieurs les archiprêtres inamovibles ?

— Eux aussi. Pourquoi non ?...

— Oh! vous savez, Monsieur le Curé, avec un clérical déclaré comme moi, vous ne devriez vous gêner guère mieux que je vais le faire, pour vous objecter ceci! Quand vous n'étiez qu'un petit abbé de paroisse de deuxième classe, il y avait inté rêt, à vous, de cacher vos opinions antirépublicaines, ou bien de les manifester républicaines : car la cure de canton pouvait être le prix de votre sagesse. Elle l'a été même, Monsieur l'Abbé. Et c'est pourquoi il me semble que, parvenu au faîte inamovible de vos rêves, vous n'avez plus à mettre à la torture l'indépendance de vos sentiments, qui doit si bien aller à celle de votre caractère.

— Vous parlez bien, jeune homme! Mais La Fontaine, en quelques fables où il prévoyait sagement le présent bon qui peut se changer en avenir meilleur, a mieux parlé que vous. N'est-ce pas La Fontaine, qui a dit aussi : « Tout soldat porte dans sa giberne son bâton de maréchal! » Non, ce n'est peut-être pas La Fontaine. Après tout, c'est quelqu'un qui a dit aussi : « Tout prêtre est du même bois dont on fait...

— Des flûtes?...

— Non!... des évêques. » En somme, Monsieur le Parisien, vous en voulez trop savoir; et soyez sûr que tous les archiprêtres de France répondront en ces termes à votre impertinente enquête : « La parole est d'argent, et le silence est d'or! » Mais, entre nous, puisqu'il s'agit de

république, parlez-moi donc du ministre C...
Hein! vrai, tout ce qu'on en publie?... Et vous
voulez qu'avec ce gueux une union soit possible?
Allons donc!

Et la conversation, coupée dès lors plus que
chair à pâté, tomba par monosyllabes inintelligibles pour toute autre oreille que la mienne qui
ne prit plus la peine de se dresser et de rester
tendue, le reste de ce pénible et obscur entretien.

Cependant la foire ouverte battait son plein.
Entre les derniers brouillards d'après-midi, qui
s'envolaient sous le soleil paresseux de trois
heures, des troupeaux de brebis et de chèvres
déjà vendus reprenaient çà et là les mille et un
chemins des fermes, le long des routes, sur les
flancs des montées, où, au hasard de la trouvaille, ils broutaient, sur les bords des fossés et
des haies, les dernières herbes maigres de l'automne, les premières fleurs pâles de l'hiver. Sur
le *foiral*, on maquignonnait des chevaux, en
comptant leurs années aux mâchoires et leur
force aux sabots. En tirant des taureaux par la
queue, on évaluait leur puissance, et, à la hauteur
du même joug, on les égalisait deux par deux,
selon la même taille. Dans cette clameur totale
du beuglement des bêtes et de la conversation des
hommes, ce n'était plus qu'une fièvre de bruits

augmentée de la fièvre des odeurs fortes montant de toutes les laissées et de tous les purins, et où l'on n'avait plus que la sensation chaude des achats passionnés et des ventes violentes.

— Trente pistoles !... marchandait l'un, auprès de moi.

— Non !... trente-cinq !... répondait l'autre.

— Trente !... insistait le premier.

— J'ai dit trente-cinq ! Pour l'Empereur, comme pour vous !... répliquait froidement le second.

Jamais, je n'ai mieux compris que par ce mot la royauté du paysan. Terre ou bétail, ce qui est à lui est bien à lui; et l'Empereur, ou la République, ne sauraient lui faire rabattre un centime de ce qu'il estime à tant. L'Empereur?... La République?... Allez donc voir ce que ces mots tiennent de place sur un champ de foire, en France, où un garde-champêtre suffit à faire la police, et un archiprêtre à servir quelquefois d'arbitre entre les deux parties en litige.

Et c'est là seulement, devant ce buste haut de prêtre dominant le populaire d'une foire, comme autant de têtes marchandables de son empire ou de sa république inamovible, que j'ai aussi compris la politique indifférente de Monsieur l'Archiprêtre.

L'Empire?... La République ?...

As you like!... pourvu que le paysan y reste maître de son bien, et l'archiprêtre de sa cure.

Ces messieurs de Paris n'en demandaient peut-être pas davantage.

IV

LE CHANOINE

C'est à deux pas de la cathédrale.

La rue s'appelle « rue des Cailles », moins en souvenir de celles qu'on y mange aujourd'hui, que de celles qui sont passées jadis par là. Elle est si vieille, la pauvre ! Des pavés tout usés, qui n'y sont plus que des cailloux. Des maisons toutes petites, que l'âge a misérablement voûtées et qui s'étayent, de côté, par leurs flancs enfoncés et, de face, par les auvents surbaissés de leurs toits ressemblant, sur ces têtes de vieilles, à des chapeaux cabriolets de l'ancien Régime.

— Pan ! pan !...

Personne.

— Vous demandez monsieur Delrieux ?... m'interroge le cordonnier voisin, de son échoppe...

Montez sans frapper. Vous le trouverez, au premier.

Au premier, où je ne vois la porte qu'en m'y heurtant, je refrappe : Pan ! pan !...

Et encore personne. J'ouvre, en poussant seulement le loquet. J'entre dans un corridor très noir au bout duquel une grosse lampée de bon soleil annonce enfin la chambre. Et, aussitôt dans cette chambre, j'entends une petite voix de vieux, qui grimpe le long d'un paravent et qui demande par deux fois :

— Qui est là ?

— Un étranger pour Monsieur le Chanoine, mais non pour mon ancien préfet d'études au collège de X***. C'est dans vos *Commentaires*, que j'ai traduit les *Fables de Phèdre*, au bon vieux temps.

— Ah ! mon garçon, vous êtes le bienvenu. Oui, oui, je me souviens de vous. Vous étiez si polisson, alors. Mais vous avez changé, n'est-ce pas ?

— Pas beaucoup, Monsieur le Chanoine !

— Diable !... Et vous êtes venu revoir le pays ?

— Le pays, non ! Mais vous.

— Comment ?... Comment ?...

Et le brave vieillard intimidé cherche sur ses genoux son grand mouchoir à fleurs, pour essuyer ses yeux et regarder plus clairement son homme. Ah! les jolis yeux bleus de faïence fanée, où les dernières lueurs de la vie se jouaient, comme un reste de flammes sur les charbons consumés que la cendre chaude entretenait et que le soleil, donnant en plein dans le foyer du vieux prêtre, couvrait d'une autre cendre blanche comme pour les empêcher de mourir.

D'un coup d'œil, j'inspecte la chambre. Un bréviaire sur une pile de livres, usé comme celui qu'on lit le plus souvent. Des portraits fanés d'anciens daguerréotypes, à quelques clous de la cheminée. Plus haut, un violon où la poussière a fait son nid et qui reste suspendu à la muraille, comme un aimable trophée de jeunesse musicale et joyeuse. Le vénérable chanoine, réveillé en sursaut par ma brusque réponse, ne laisse plus de loisir à mes yeux :

— Et d'où venez-vous donc, mon ami ?

— De Paris, tout simplement !

— De Paris !... Pour voir l'abbé Delrieux ?... Non ! non !... Ils sont encore en République, et vous fuyez l'insurrection ?

— Ils sont en République depuis vingt-deux ans, en effet, mais plus en insurrection.

— Quoi ! quoi ! Ils sont en République, et plus en insurrection ?

— Mais non ! Vous ne lisez donc pas les journaux ?

— Moi ? Jamais ! Et vous, les lisez-vous, mon
enfant ?

— Hélas !

— Que je vous plains, mon Dieu !... Mais vraiment, on n'est pas en insurrection, à Paris ?

— Pas plus que rue des Cailles.

— Alors pourquoi ne rappelle-t-on pas Louis-
Philippe sur le trône ?

— Louis-Philippe, Monsieur le Chanoine ?...
Et les Napoléon, que diraient-ils ?

— Les Napoléon ?.. Les Napoléon sont des usur-
pateurs. Il n'y a que Louis-Philippe, de légitime.
Je me souviens du jour où il fut proclamé roi des
Français, et où notre clergé chanta le *Te Deum*
dans toutes les églises. Et puis, je me souviens
encore du jour où Monseigneur le duc d'Orléans
mourut, — quel malheur ! dites-moi, — et où
nous célébrâmes pour lui un service funèbre de
première classe. C'est son brave père, qui m'a
nommé curé inamovible. Non, je ne l'oublierai
jamais. Et dites-moi, puisque vous venez de
Paris, sait-on enfin là-haut si c'est dans un fiacre
qu'il partit pour l'exil ?

— Dans un fiacre, en effet, et l'on en parle
encore.

— Dans un fiacre, mon Dieu!... Le roi de France dans un fiacre?

— On a même retrouvé le cocher qui le *chargea* et qui lui dit, en le laissant monter : — « Eh! dépêchez-vous donc? Voilà dix-huit ans que je vous attendais, à cette grille! »

— Vraiment, Monsieur, un cocher a dit cela au roi Louis-Philippe?... Eh bien! de quelle autre insolence les républicains d'aujourd'hui sont-ils coupables encore?

Je compris que, si je faisais part au vieux chanoine de l'évolution actuelle du clergé dans la République, je porterais peut-être un coup mortel à sa santé. Je renonçai à mon enquête et, acceptant la prise de tabac que l'aimable vieillard m'offrait, je lui demandai courageusement des nouvelles de... *Phèdre.*

— *Phèdre!...* commença-t-il en étendant majestueusement sur ses genoux les plis de sa pauvre soutane.

Si je vous racontais la suite, nous y serions demain encore.

... Notre chanoine apparemment, si son évêque pose jamais sa candidature à la députation républicaine, ne votera pas pour lui.

V

LE VIEUX CURÉ

Pour arriver à son presbytère, il nous fallait descendre du prieuré d'Ambialet et suivre la rivière jusqu'à La Condamine.

Le prieuré était un reste de monastère bénédictin, que des franciscains habitaient. Ils l'avaient reconstruit sur la pointe la plus élevée et la plus élégante de l'île longue de un kilomètre, large de la moitié, et si jolie dans son petit menu que la fée Mab l'eût trouvée à son pied, — au temps où la fée Mab se chaussait de coquilles, — et l'eût prise pour son sabot, si elle eût pu en accoupler la paire.

(1) Pour compléter cette enquête dans chaque classe du petit clergé, j'emprunte ce chapitre au *Pays Natal* publié chez Victor Havard, en 1888.

La rivière était le Tarn et contournait l'île, de façon à baigner deux fois le petit moulin isthmique qui la regardait faire, d'abord à droite, et puis à gauche.

A droite, elle descendait de Milhau, brune, mince, déhanchée, tapageuse, comme ces fringants mulets noirs qui portent aux vantards pâtissiers d'Albi les gimbelettes de Villefranche.

A gauche, elle avait couru entre un cercle de montagnes, noires et vertes cependant; rencontré, comme deux cités grandioses, le *Mas de la Malfaite* et le *Mas de Garseval;* vu frère Louis qui paîssait la chèvre des moines dans un triangle de luzerne ; rencontré plus loin maître Etienne, qui fouettait sa mule borgne autour d'un manège de bois d'où l'eau pompée montait jusqu'au couvent; clapoté deux ou trois fois avec un bruit de mer, là où ses eaux étaient plus profondes et les pierres du gué plus grosses ; entendu ensuite les camelotiers des hauts villages, qui roulaient leurs pataches jusqu'au marché voisin ; enfin revu le bourg d'Ambialet, ses échaliers de houx qui bornent les rues où les petits jacassent dans le sable, et le clocher de la paroisse où monsieur le curé a son presbytère entre le chaume du campanile et le plafond de l'église, et le cimetière, et le moulin enfin.

Elle trottait toujours et rencontrait, en quittant l'île, le chemin que nous suivions au fil de
l'eau, jusqu'à La Condamine. Il s'en allait, aussi
gai qu'elle, entre les flancs de la montagne et les
saules du bord.

Après deux kilomètres, nous rencontrions un
clos d'herbes plus hautes où les animaux ne ve-
naient pas manger. C'était le cimetière de la paroisse dont Monsieur de Lost était le prêtre. Et
cette paroisse se démasquait à cent pas plus loin,
toujours davantage, sous un bois de vieux chênes
où nous entrions enfin.

Le presbytère avait trois murs. Le quatrième
était le mur de l'église. Mais Monsieur de Lost
avait cet avantage sur son collègue d'Ambialet,
qu'il habitait au moins dans un rez-de-chaussée.

L'on y entrait par une porte sans serrure, et,
si le recteur n'y était pas, l'on voyait d'abord
toute sa maison en deux pièces. L'une avait trois
chaises de paille, un fauteuil d'osier, une table
clopinante au milieu et, près d'un semblant de
cheminée, une bibliothèque. L'autre était la
chambre à coucher parce qu'il y avait un lit, et la
cuisine en même temps parce qu'il y avait un
fourneau, des pots de grès et des assiettes à fleurs
bleues. C'était là tout, jusqu'à ce qu'il parût.

Car il ne mettait pas longtemps à sortir du

verger, avec ses sabots crottés et sa soutane retroussée à la ceinture, dès qu'il avait entendu ses amis, les moines du prieuré qui l'appelaient :

« Monsieur le Curé?... Monsieur le Curé?...

— Mes amis, mes amis me voici ! répondait-il de son courtil de solanées et traînant ses mots trembloteux, comme un vieillard ses deux jambes malades. Et certes c'était énergiquement répondu pour un vieillard de son âge.

Il apparaissait sur le seuil de la porte, grand, maigre, droit; et l'on commençait par regarder sa fine tête octogénaire, qui souriait entre des longs cheveux à boucles blanches.

Cette tête qui ne chevrotait pas, cette bouche chaussée de toutes ses dents, ces yeux de feu mourant et partant plus vivaces, ces yeux qui regardaient toujours par-dessus les têtes comme s'ils n'avaient plus rien à voir ailleurs, à l'inverse des hommes timides qui regardent aux pieds et des hommes effrontés qui regardent en face... Et cette soutane de futaine, entre les chaînes de laquelle le jour s'amusait, comme le soleil derrière les barbes déchirées des roseaux... Et ces mains terreuses et librement ballantes, telles que cette amitié simple qui n'a pas besoin du serrement des dix doigts, pour se nouer aux entrailles... Un mot encadrait De Lost, mieux que tous les prêtres blancs pour lesquels on le répète : — il était vénérable.

« *Benedictus qui venis!* disait-il sans solennité. Et quel beau jour vous amène, mes Pères ?

— Celui de la liberté, répondait-on. C'est aujourd'hui jeudi pour nous, comme pour des écoliers vulgaires.

— Et pour les récolteurs de pommes, dites ?

— Surtout pour eux, Monsieur le Curé, parce qu'ils nous les feront cuire.

— Ah ! je le veux bien. Et vous arrivez tout à propos. J'ai là-dedans, depuis cinq jours, un broc plein de bon vin qu'une douce âme de la paroisse veut me faire essayer. Pieuses coutumes de nos montagnes où l'on nous apporte les primeurs, pour avoir notre bénédiction. J'ai lu qu'à Rome aussi, dans ce grand village dont le pape est curé, l'on ne mangerait pas une cerise pour toutes les cerises du monde avant l'*Ite missa est* de la grand'messe de Saint-Marc. Mais boire un broc, à moi seul, m'eût fait craindre que tout ce vin ne serve à arroser les tisons qui m'attendent au purgatoire. Vos Révérences, en le partageant, le rendront moins immoral, et il tombera sur les pommes frites plus pacifiquement que sur les feux de l'autre monde. Attendez-moi seulement cinq minutes.

Il n'y avait rien à répliquer. Jeanneton était appelée. Une vieille petite servante arrivait, portant les pommes dans sa rouge cotte de dessus. Elle inclinait son « adiùssias » aux Pères. Et salutation et cuisine, tout était achevé en cinq minutes.

« Ma table est boiteuse, pécaïré! Mais l'Esprit-Saint aime mieux celle où l'ami rompt du pain à son ami que celle où l'ennemi sert une orgie à son adversaire.

— Hé donc! comme monsieur le curé se rappelle son Ecriture-Sainte. Au Livre des Proverbes, chapitre un tel verset un tel.

— L'Ecriture-Sainte? Pas toute, non! L'Ecclésiaste seulement, les premiers mots de l'Ecclésiaste : *Vanitas vanitatum!* Vous êtes jeunes, mes amis, et moi je suis vieux. La différence entre nous est que vous avez à apprendre et que moi j'ai appris. Et vous arriverez aussi à mon âge, et de toutes ces belles choses qui vous ornèrent l'esprit comme des hochets pleins de lumière, une seule vous restera : et ce sera de penser devant votre soleil couchant que tout est vanité sur terre. Vous étudiez maintenant, vous disputez sur Dieu, sur son œuvre *ad extra,* sur son œuvre *ad intra.* Hélas! et vous ne remarquez pas que la vie passe, et sur vos livres vous oubliez d'apprendre l'important, d'apprendre à vivre : à vivre, mes enfants, comme ces arbres qui dressent dans l'air la gloire de leur fécondité, comme ces oiseaux qui ne cherchent que dans leur nid les secrets de la vie naturelle, comme mes petits pâtres qui ne liront jamais dans votre *Organum Aristotelicum* l'art d'être heureux ici-bas. Mais ma cloche les ramène souvent autour de moi, et je leur dis cette simple vérité que tant de savants ignorent ; et mes lèvres vieillottes la leur balbutieront sur ma couche funèbre, si elles peuvent encore ajouter quelque chose : — Mes enfants, mes petits enfants, aimez-vous bien les uns les autres.

— Voilà ! voilà ! Et la Révélation qui nous apprend que la nature s'est viciée et ne peut plus servir de règle morale, qui nous apprend des dogmes par lesquels le surnaturel supplée au naturel, la Révélation est une vieille connaissance que Monsieur le Curé tutoie depuis qu'ils se sont faits vieux ensemble.

— Oh ! la Révélation, quel mot subtil ! Et qui de vous, mes enfants, en sait autre chose qu'un ingénieux système de raisonnements auxquels chaque philosophe habile ajoute le sien. Ainsi un chiffre de plus à une table de logarithmes ? J'ouvre la Somme théologique ; sa première page me dit que, l'objet de son enseignement dépassant la raison humaine, elle n'usera que de preuves négatives pour démontrer la rationabilité de sa doctrine. J'ouvre le livre de la Nature et, si je veux y lire, à chaque page je trouve ma facile leçon. Enfant, j'épelle; homme, j'apprends; vieillard, je récite; et je puise toujours dans mon être des forces proportionnées à mon devoir; et je remercie Dieu qui ne me demande que ce que je peux faire... Cependant j'élève mon calice, à chaque aurore, depuis cinquante-cinq ans, toujours avec la même résignation. Et je crois, oui je crois que ce Dieu qui pousse dans la fleur cette sève et ce mouvement qui la font s'incliner comme une coupe débordante de vie vers sa voisine compagne; je crois que ce Dieu qui ouvre l'aile au passereau, et ses petits lui répondent bientôt à l'entour de leur mère; je crois que ce Dieu qui impose à chaque homme d'animer incessamment la matière endormie, ce Dieu aussi a béni le sacrifice de ma stérile jeunesse et ne méprise pas ma vieillesse effritée, parce que j'ai tenu devant mes frères l'exemple opiniâtre de cette universelle chasteté d'où sortira une postérité saine, capable de vertu... Et dans la vigueur de mes veines vierges je sens encore, malgré mes ans, monter vers lui l'hymne de la fécondité. Je bois aux chastes!

— Et nous buvons aussi à la santé de vos paroissiens, Monsieur le Curé !

— Oh ! les pauvres. Ils en ont bien besoin, allez. Si vous vous imaginiez comme ils peinent. Quand, à cinq heures du matin, votre cloche fait delin, delan, sur vos lits et que vous vous levez pour glisser chaudement à matines, les miens sont droits depuis déjà deux heures. Et, pour être aux champs avant le jour, ils marchent dans la brume des prés, une lanterne aux doigts, les pieds dans la rosée... Il y eut aussi un temps où, quand j'avais dit avec eux la prière du matin et la messe, je les précédais dans les sillons. Aujourd'hui, je suis trop vieux ; je les regarde s'en aller.

Mais quand l'air a commencé à tiédir et ma fenêtre embuée à reluire, je me sens tout ragaillardi et je ne tiens plus à mon fauteuil paresseux. Je sors. Ils sont par-ci, par-là, sur leurs mottes de terre, comme des mouches sur du sucre. « Courage mes amis ! L'hiver fut rude, l'an passé. Hier, la lune était bien rousse. Nous aurons froid, peut-être encore. » Oh ! de la santé. Oui, de la santé surtout, à mes Condaminois. Et ils auront de quoi ne pas mourir. Et vous aurez par leurs mains de quoi vivre aussi, pour disputer subtilement sur les processions divines dans la Trinité-Sainte.

— Mais, Monsieur le Curé, vous êtes d'une théologie impitoyable.

— Et je ne vous ai pas tout dit sur ce point, mes amis. Car vous pourriez me dénoncer, qui sait! à l'Inquisition, parce que je ne prouve pas Dieu à mes Condaminois avec des traités de science. Pour leur apprendre son existence, je leur dis : « Mes petits, voyez donc le beau soleil, les belles vignes, les belles gerbes, les beaux enfants. » Pour le leur faire aimer, je leur dis encore : « Mes enfants, comprenez si Dieu est bon, quand votre soupe est telle. » Et ils m'entendent si bien, ces pauvres enfants, que j'ai là, tenez, depuis trois jours, une histoire sur le cœur, qui me le crève.

— Une histoire, Monsieur le Curé?

— Oui, jeune homme, une histoire que vous allez bien écouter avant de vous faire moine.

... Il y a au mas de Peyrebrune une veuve, deux garçons, une vache et deux morceaux de terre, dont un pré. L'aîné des deux petits a seize ans et s'appelle Jeannot. Son frère est arrivé, un an après. Or, la mère regardait penser le premier depuis douze mois environ, lorsque ce que je vais vous conter arriva.

L'autre matin, j'avais achevé ma messe de la

Saint-Louis. Jeannot entra dans la sacristie et demanda à me parler.

— Qu'est-ce qu'il y a de nouveau, Jean?

Avant de commencer, le jeune homme pleura.

— Peste! Est-on malade à Peyrebrune, mon enfant?

— Non, Monsieur le Curé! C'est moi, qui m'en vais.

Il dit ce mot, comme un coup de fusil se tire.

— Tu pars? Et où vas-tu donc, Jeannot?

— Au couvent, Monsieur.

— Tu vas te faire moine?

— Hélas, Monsieur, vous nous avez tant dit que le bon Dieu est bon; si je l'étais aussi pour lui, ce ne serait peut-être que justice.

— Hé, mon fils! l'on ne peut donc que se faire moine, pour devenir quelque chose de bon? D'où t'est venue cette idée, dis?

— Voilà, Monsieur. Depuis plus d'un an, je regardais passer l'eau de notre rivière et j'admirais comme nos jours vont aussi vite qu'elle. Or, mon frère grandissait entre temps, et je disais : « Quand il aura la taille que j'avais à quinze ans, il aura aussi ma force et pourra faire marcher la ferme. Moi, je sens que je dois être moine. Alors je le serai. » Monsieur le Curé, l'autre semaine, mon frère a eu quinze ans et j'ai décidé de vous avertir que je quitte le pays.

— Et où veux-tu aller ?

— A La Drèche. Ambialet est trop près d'ici et je pourrais languir, là-haut, à voir pousser nos endroits à mes pieds.

— Ainsi, tu veux nous quitter tous, petit ? Ta mère, ton frère, ta vache, ton curé, pour aller à La Drèche. Et chercher quoi, à La Drèche ? Le bon Dieu, peut-être, comme s'il n'était pas ici ? Salir des capuchons, comme si tes chemises trempées ne valaient pas une cagoule de trappiste ? Faire du pain pour des *frères*, comme si tu ne le devais pas d'abord à ta mère et à ton frère ? Tiens, Jeannot, tais-toi. Je crois que tu passes fou... Retourne à Peyrebrune, travailles-y, ferme surtout les yeux quand les moines d'Ambialet passeront. Et sois sûr que je ne parlerai pas de ta folie, si tu restes tranquille.

Ainsi l'ai-je renvoyé, tout triste. Et j'attends, avec une déchirure dans l'âme, la fin de mon histoire. Ah ! messieurs les moines, messieurs les moines ! vous êtes une envie comme une autre. Oui. Mais nos fermes se vident, nos mères languissent et nos enfants ne nous reviennent pas.

— Hé donc ! Monsieur le Curé, un mot sur

votre Politique, et nous vous saurons entièrement par cœur.

— Ah! mes enfants malins qui me parlez entre vos rires, vous étiez pourtant bien loin quand moi j'étais ici. Et votre sainte Madone-de-l'Oder eut, Dieu le sait, besoin de moi au temps passé, pour que la pluie ne tombât plus sur ses épaules. Ouï, moi qui ferme les couvents à mes petits, j'ai bâti le vôtre; et si mes deux épaules ne sont plus à niveau, c'est que votre montagne était bien haute et mes pierres et mes madriers bien lourds. Allons, riez, mais c'est de reconnaissance, j'espère... Un mot sur ma Politique, dites-vous? Oui, un mot, rien qu'un, parce qu'il sera court. Car, pour tout avouer, de Politique je n'en ai point. J'entends cette Politique qui est un parti, une individualité, une coterie d'ambitieux qui nous abaissent pour nous dominer et de sottes gens qui servent à ceux-ci comme un cheval de race à un pitre. Et que résulte-t-il de ces fractions nationales? Des haines fraternelles, des guerres intestines, des stations séculaires devant une question sociale dont la réponse presse. Non, je ne suis pas de vos partis. Le mien est celui de la prospérité de notre belle France. Le mien ferait des frères de tout le monde. Il aiderait au pauvre. Il humaniserait le riche. Il donnerait à tous le plus grand cœur, et la volonté générale serait la glorification de l'ensemble par le bien-être des partis... Cependant, lorsque Gillot bat le tambour du maire et groupe mes enfants sous le porche de l'église, après la messe du dimanche, je leur dis : « Enfants, écoutez bien. Si nous ajoutions du désordre, ce serait plus de désordre. Figurez-vous que les douilles de vos roues sont mal graissées, et que vous passez dans le sable de la rivière. Si nous vous jetions des pierres dans l'ornière, cela serait mal fait pour ces pauvres patiences de bœufs qui tirent, qui tirent et ne sont pas toujours méchants... Qui attendra, verra. Attendez... Et quand arrive le moment de chanter *Domine salvam fac*, je fais signe à Mathurin de souffler fort dans sa bombarde. Et moi, et lui, et mes paysans, tous en chœur, nous chantons à nous en étrangler. Vraiment, je vous assure que ce tapage discordant de nos voix qui se tirent l'une l'autre comme des malheureux dans un tableau de Déluge universel, peint aussi à mon imagination un tableau non moins attendrissant. Il me semble alors que je vois un char à foin dans un chemin de boue et que, pour faire marcher le cheval, le charretier est au timon, qui crie, qui crie : « Hue!... Dia! hue!... » C'est triste, mais le char s'en tire tout de même... Alors, je leur dis : « Mes enfants, je ne sais pas

si vous me comprendrez, mais il faut que je vous
dise une chose. Ayez un parti : le parti pris de
prospérer. Vous vous souvenez bien d'avoir
connu mon marguillier Pasquier, il y a vingt ans.
Hélas ! il avait la chemise que je lui fis faire, et
du travail que je trouvais pour lui à la métairie
de Déçaleau. Mais il eut avec cela une idée, celle
de devenir riche pour travailler toujours, mais
moins. Avec cette idée, et de la constance, et de
l'épargne, le voilà aujourd'hui chaudement coiffé
de trois fermes. Faites ainsi. Et vous aurez de
bons sacs de blé à vous, de bonnes vaches à vous,
qui passeront à Albi. D'Albi, cela ira un peu partout; mais cela ira surtout à un centre, à Paris,
si vous voulez, comme tout le sang va au cœur ou
toutes les idées au cerveau. Et nous serons un
vrai corps, dont on dira : « Il se porte bien; c'est-
à-dire qu'il s'aide bien. Ce membre qui s'appelle
La Condamine prête au tout son vin, son blé, son
lait. Mais le tout le lui rend, en sang généreux.
Et avec ce sang l'on vit et l'on se garde. Enfants,
soyons un; et ne craignons plus que la misère
nous dévore, ni que les Prussiens passent nos
montagnes pour retuer nos fils. »

C'est ma politique.

C'était aussi l'heure de retourner au prieuré.
Le soleil était passé sous les bras des ormeaux et

arrivait droit et blond, pour mourir sur les verres vidés du presbytère.

Alors, le vieux prêtre se plantant sur le seuil de sa porte nous disait au revoir, en dirigeant vers notre groupe en marche ses longues mains nerveuses, dorées par les premiers rayons crépusculaires, pleines patriarcalement des bénédictions qui nous accompagnaient sains et saufs au couvent.

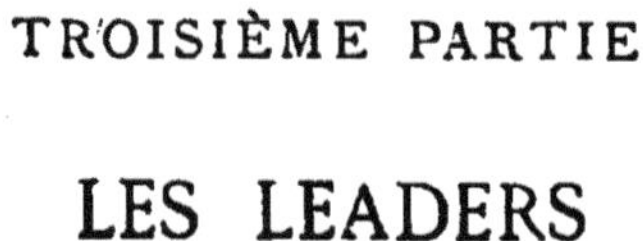

TROISIÈME PARTIE

LES LEADERS

LE COMTE ALBERT DE MUN.

1

LE COMTE ALBERT DE MUN

— Moins heureux que le dernier des manœuvres
de Carpentras ou de Quimper, je ne vous ai pas
encore vu face à face. Voulez-vous que ce soit
pour un de ces jours prochains, au rendez-vous
que vous aurez marqué?... lui écrivais-je hier,
sans l'appeler « monsieur le comte ». Et lui, sans
me répondre « monsieur le marquis », d'ajouter
aussitôt :

— J'ai très peu de liberté. C'est mon excuse
pour vous demander si vous voudriez prendre la
peine de monter, demain, à Montmartre, 21, rue
du Mont-Cenis. Il y aura là, à quatre heures,
dans le cercle catholique d'ouvriers de ce quartier, une petite réunion très intime, à laquelle je
dois prendre part. Ce serait le meilleur moyen
de nous rencontrer...

Il y a une rue du Mont-Cenis, à Paris?

Oui, tout là-haut, à Montmartre; mais en re-
descendant la butte, du côté des banlieues. Vous
voyez bien l'endroit, quand vous y êtes. Et tout
d'abord vous louvoyez, le long des quartiers
excentriques, jusqu'au tournant du boulevard
Ornano. Là, vous trouverez des rues sans nom
connu, et pourtant les plus populeuses de
Paris; et enfin, dans l'entrecroisement inextri-
cable de ces dernières, la rue du Mont-Cenis.
Ici, commence l'ascension; une montée à pic, où
les maisons sautent de toit en toit, l'une sur
l'autre et, quand elles sont trop fatiguées de vous
suivre, où les rampes droites et fixes comme un
seul *i* vous reprennent à travers terrains vagues et
vous lancent enfin là-haut, en plein n° 21, dont
l'immeuble, trop fatigué d'avoir grimpé, lui aussi,
fait comme vous sur vos jambes et, du toit bran-
lant et des murailles lézardées, s'affaisse.

Ouf! Pour arriver rue Mont-Cenis, croyez-
moi, vous ferez mieux une autre fois de prendre
par les Alpes.

Je m'étais fatigué, mais j'en ai eu ma récom-
pense. Ce n'est pas que ce cercle en plein air, où
les brouillards d'après-midi étaient entrés avant
nous comme chez eux, fût un palais proprement
dit. Mais les salles y étaient suffisamment aména-

gées dans les zigzags infinis des couloirs, où les poêles à longs tirants de cheminée luttaient contre l'humidité pénétrante des murs, et le gaz à larges jets de papillon contre la nuit intense des plafonds bas où un clou eût suffi pour accrocher votre chapeau. La salle des conférences m'attirait surtout. C'était d'ailleurs la mieux chauffée, par la présence de trois cents ouvriers dont ces murs froids ne se plaignaient certes pas autant que la loi cubique qu'ils contrariaient : le contenu étant ici plus grand que le contenant. C'était illogique, mais personne ne s'en fâchait. Tout le monde y contribuait de son mieux, au contraire, — jusques et y compris le monde de l'estrade, qui ne s'y presse pas, mais s'y entasse.

Où donc, dans cette foule, rencontrerai-je l'orateur que je viens y chercher de si loin ?

Où ?

A la distance de deux semelles, — je n'ose dire de deux chaises pour n'être pas cruel à ceux qui, comme moi, n'occupent même pas le quartier d'une, — un homme s'est déjà levé. Pas plus haut que les autres, par sa taille bien prise dans un corps svelte et jeune, pourtant plus agréable que beaucoup par son visage de gentilhomme où l'intelligence d'inspiration première pétille dans les yeux et où la fine moustache souligne la franchise des paroles qui vont sortir de cette bouche en s'y éclairant presque des dents admirablement blanches, cet homme parle comme d'autres agissent, et il construit avec des mots précis comme d'autres bâtissent avec des pierres autant de maisons et autant d'institutions durables que son apostolat en a besoin, ici, là, sur chaque point de France où il y a des ouvriers à socialiser et des socialistes à christianiser.

Je connaissais déjà l'apôtre des cercles catholiques, j'ignorais encore l'orateur de ces réunions populaires. Il n'y prêche pas plus qu'il n'y pérore. Il y cause, et les plus délicats en sont charmés, les plus difficiles satisfaits. Bien loin des sacristains qu'il n'aime pas, très près des prêtres qu'il vénère, mais plus près que tous les autres des ouvriers qu'il adore, il oublie les premiers, sous-entend les seconds, s'adresse surtout aux derniers. Il compatit à leurs besoins, s'attelle à leur besogne, soulève leurs difficultés ; tout cela, en gardant nettes de toute compromission mesquine qui les entacherait ses fines longues mains de gentilhomme, ses mains si blanches au-dessus des flambeaux de la table où il parle et dont l'éclat est rehaussé par toutes ces rudes mains de l'assemblée, que le travail seul a noircies et qui battent à l'orateur, en notes larges et profondes, le plus complet triomphe qu'orateur d'ouvriers ait remporté jusqu'à lui, le plus magnifique et le plus durable qu'un fils des nobles pût jamais souhaiter des fils du peuple.

Après vingt ans de pareilles harangues et de semblables fondations ouvrières qui, à cette heure, couvrent la France comme d'un inentamable réseau d'associations sages, — que la folie sociale mettra plus de vingt ans à rompre, — quand elle s'y attaquera, — tout républicain peut certes saluer sans rougir ce royaliste et lui dire, en se souvenant de la parole d'un de nos anciens rois et en démarquant tout au plus la géographie de l'histoire :

— Comme autrefois, entre la France et l'Espagne, vos pères durent se rappeler que les Pyrénées n'existaient plus ; de même nous retenons aujourd'hui, monsieur le comte, qu'entre la noblesse et le peuple il n'y a plus que la rue du Mont-Cenis !

Une heure et demie de trajet, montre en main ! Quel socialiste sincère ne voudrait, à si bon compte, franchir la butte qui le sépare de cette république d'honnêtes ouvriers où un vrai comte les invite à entrer et où le vrai grand public de France applaudira de toutes mains à leur intelligence reconquise et à leur sagesse ramenée dans le chemin plus sûr des associations et des jurandes anciennes.

Cette œuvre-là, c'est Albert du Mun qui l'aura faite.

II

Et maintenant, à une autre tribune et dans un autre milieu, voulez-vous regarder ce même homme? Pour cet autre voyage, il faut quitter les hauteurs calmes de la rue du Mont-Cenis et descendre bien bas, dans la plaine.

Dans un livre récent (1), que personne n'a voulu lire, l'auteur obscur de ces ébauches écrivait, sous le portique du Palais-Bourbon :

C'est la parfaite devanture d'un théâtre à la mode, et le public y est semblable. A l'attente patiente des gens qui font la queue, on sent que la pièce n'est pas encore commencée ; mais on est aux trois quarts sûr de la place demandée, comme dans ces matinées populaires gratuites où le citoyen spectateur laisse bien voir, à son veston gros d'arrogance, qu'il a payé l'acteur avec sa

(1) *Pascal Bordelas.* Paris, Victor-Havard, éditeur, 1890.

paye de contribuable. Dans cette foule d'impétrants, qui signent d'abord eux-mêmes leur billet de faveur et n'ont plus qu'à en attendre l'estampille de leur électorale créature, dans cette salle d'attente et de patience, il y a les électeurs du candidat, il y a les parents des électeurs du candidat, il y a aussi les parents des parents et les amis des amis des électeurs du candidat.

La salle de spectacle est grande : ils y entreront tous. Mais la foule grossit, monte, déborde ; et les grands bustes de ces hommes qui ne résisteraient bien à la foule que du sommet d'un piédestal, sont refoulés impitoyablement par le flot, vers la porte.

C'est l'heure où messieurs les acteurs de la pièce annoncée entrent dans le Palais : qui, en chapeau melon ; qui, en blouse ; comme si ces politiciens de la rue avaient conscience de leur banalité, depuis vingt-deux ans qu'ils s'introduisent en cabotins populaciers dans ce premier salon de France. Ceux de l'ancien régime ont encore gardé l'ancienne redingote noire et les gants : il semble que, dans cette assemblée de démagogues mal vêtus qui ne payent pas mieux leur tailleur qu'autre monde, ces gentilshommes, bien en règle avec leur public et eux-mêmes, en retard tout au plus avec l'aiguille de leur montre qui n'y marque plus notre heure, ils voudraient porter ici le deuil de quelque chose française et grande, qui est morte.

On passe. On ne se reconnaît même plus, tant la direction de ce théâtre national change souvent de troupe et remplace vulgairement les rares belles têtes si diplomatiquement silencieuses et éloquentes de l'ancien Parlement, par cette jeunesse arrogante et tapageuse de journalistes et d'avocats qui n'ont que l'œil de l'impudeur et que la langue de l'insulte, dans ce parloir nouveau où il ne vous reste plus que l'idée d'une salle de rédaction commune, d'une commune chambre où la basoche tient école. On entre, d'un pied leste, habitué aux sauts de l'estrade. On se dit « bonjour ! » de copain à copain, la veste à l'air, la fleur du boulevard en boutonnière. Et toute cette passade de garçons jeunes, d'entretenus à vingt-cinq francs, vous laisse dans les yeux et jusqu'au fond du cœur l'image et l'impression honteuse d'un champ de courses, où les bookmakers de la tribune et du journal tiennent la cote, où aucun rayon de la terre française ne dore et ne glorifie plus ce steeple-chase sans représentation ni tenue, où Nana et Trublot apparaissent, où c'est l'un qui fait jeu et l'autre qui fait course.

Les trois coups sont sonnés et le président a

dit, du haut de son fauteuil : « Messieurs ! la séance est ouverte ! »

C'est un huis-clos de hall, avec lumière tombant d'en haut par une baie qui forme lustre, avec gradins et galeries s'inclinant vers la scène et s'y ouvrant en hémicycle, tout comme en un théâtre. La seule différence de celui-ci tient aux gradins du parterre, où le public des galeries n'est pas admis. Une seule chose paraît gênante, dans ce local de théâtre facile ; c'est la scène même : une toute petite tribune, exhaussée sur trois petits gradins qui s'ouvrent, de droite et de gauche, aux assaillants ; un tout petit rétable, ne laissant de place que pour le seul guignol qui y paradera et gesticulera, dans un tapage ahurissant de Bourse ou de Halles-Centrales, sous le fauteuil du président qui domine ce bruit et ne l'apaise pas, devant cette tapisserie des Gobelins qui forme fond et représente, par brutale ironie, aux yeux de ces énergumènes de la retentissante Agora, les calmes entretiens de l'*École d'Athènes* dans les Jardins d'Académus.

Au total, cet hémicycle, où cinq cents corps s'agitent, et où cinq cents causeries hautes font vacarme, représente une assemblée de jeunes et de vieux garçons qui sont des camarades, malgré les bancs de droite et de gauche qui les séparent

quand ils restent assis ; — mais ils se lèvent tant
de fois, et si souvent ils se serrent la main, avant
que leur rôle politique à jouer les divise ! Avez-
vous assisté à la répétition générale de quelque
pièce à gros tapage, avec les interruptions du
directeur menant la scène, et les caquetages des
copains que le libretto n'a pas utilisés et qui poti-
nent dans la salle ? Le dialogue ne va pas moins
son train d'horloge que les bruits de la salle ne
laissent pas entendre et qui remonte son tic. tac,
quand une interruption a suspendu par hasard
les conversations sur les bancs et permet d'écouter
l'orateur, qui s'est juché dans la tribune en forme
de coucou.

Telle est cette tribune.

Mais, dans ce bruit et dans cette tenue de foire,
quelqu'un a demandé la parole ; et toute la salle
a aussitôt regagné ses bancs et fait silence.

L'homme, qui s'avance d'un pas sûr dans l'hémicycle, est élégant de taille, agréable de visage,
sobre de gestes, comme il sied à un chef d'esca-
dron en civil. On le dit issu, par sa famille, de
cette vieille noblesse française où les hauts sentiments de chevalerie et de catholicisme sont
d'immémoriale et inséparable tradition. En réalité,
dans cette assemblée d'hommes, il marche en

homme ; et il laisse avec tact sommeiller le chrétien, dans l'agora où celui-ci n'éveillerait que des persécuteurs. Il marche seul, dans sa personnalité indépendante, au milieu du respect de ses innombrables adversaires qui admirent en lui, quand il se tait, un magnifique caractère et, quand il parle, un beau talent.

Le voici à la tribune, le corps droit, avec des gestes courts, comme il convient à un orateur qui expose et qui n'attaque pas, qui affirme et ne discute pas, qu'on n'ose même plus interrompre : tant l'éloquence sort de lui, large et par nappes, comme ces immensités blanches de fleuves qui descendent majestueusement et sans craindre un obstacle vers l'océan dont la seule grandeur les ensevelira. Depuis la grande voix de Montalembert, on n'en avait entendu s'élever aucune autre, aussi majestueuse, du petit groupe des députés catholiques. Et l'on s'incline, et l'on ne discute pas, devant ce merveilleux organe d'apologiste classique, dont le grand jeu, la phrase par coulées de pleins flots, par avalanches de masses erratiques, fait remonter l'histoire de l'éloquence française aux pages les plus magnifiques de ses superbes périodes.

Mais vous aimez surtout ce coup d'œil franc, qui va de pair avec cette argumentation sincère et

sans défaillance, d'où se dégagent, un par un,
comme autant de soldats en bon ordre, chaque
argument précis qui couche en joue et qui fait feu.
Feu, vraiment? ce chef supérieur, qui tient plutôt
l'épée pour commander le bon ordre des troupes,
que le fusil pour décimer la foule ignorante et
toujours excusable. Il faut avoir entendu cet
homme, aux heures rares où il prend la parole,
défendre le droit de sa patrie à avoir son Dieu, le
droit de l'ouvrier à avoir son foyer, le droit du
pauvre à avoir son instruction la plus large et
partant aussi religieuse que civique, pour se faire
de lui la seule idée qui le personnifie : celle d'un
homme politique, que le christianisme a fait socialiste ; et d'une intelligence rare, à laquelle la voix
du sang a inspiré les plus hauts sentiments et le
cri des entrailles les plus belles paroles.

Il a parlé. Les heures se sont écoulées. La
Chambre admiratrice fait encore silence. Personne n'ajoute une objection, à ce discours qu'on
vient d'entendre. Et l'orateur, — dont, par respect, on n'ose pas prononcer le nom dans une
assemblée si déchue, — n'a plus qu'à regagner son
banc désert où quelques nobles mains d'amis
se tendent affectueusement vers l'homme qui a
déjà repris patiemment sa place solitaire, dans le
silence et dans la paix. Ainsi voyait-on, à Car-

8.

thage, il y a quinze cents ans, un Cyprien ou un Tertullien regagner fièrement leur retraite respectée des lions africains, quand ils avaient plaidé la cause des martyrs dans la sauvage assemblée des barbares.

C'est fini. La Chambre se vide. Il ne reste dans les tribunes qu'un journaliste retardataire, mettant de l'ordre à ses feuillets, ou achevant la rédaction de son compte-rendu. Les galeries du premier étage, désertes aussi, ne présentent plus au jour tombant de la baie supérieure que leurs rangées de banquettes, couleur ponceau.

— Messieurs !... l'on ferme !...

crient les huissiers de service, en agitant leurs clefs.

Le journaliste, penché dans le vide de cet hémicycle désert, pense encore. Devant cette voix, qui l'a fait frissonner et qui n'a seulement touché aucun de ces députés-là, il se considère lui-même mélancoliquement comme l'ombre de quelque Romain retardataire, qui cherche son époque de grandeurs nationales et d'intégrales personnes, parmi les ruines célèbres de quelque antique Curia.

Depuis que ces Curies, rendues fameuses par leurs actes dont l'histoire a conservé le souvenir,

Rome est passée comme une vision rouge avec l'apparat d'un peuple grand et fort, qu'a fait le temps de cette race? Pourquoi les neveux des sénateurs romains ne sont-ils aujourd'hui que des acteurs sans vertu, capables tout au plus d'être les figurants de ce théâtre national et de sa mascarade? Après Cicéron arrive Gambetta; et Gambetta, déjà couché dans son cercueil et dans sa pose de comédien parfait, qui meurt dans le drapeau où il s'était drapé lui-même, cède le rôle à Ferry déjà vaincu, qui passe le libretto à d'autres artistes plus malins et moins forts que Gambetta et que Ferry. Et après cette dégénérescence de vertus personnelles et de nationales majestés, que sera demain la représentation de la France elle-même, avec ces avilissements de caractères dans l'intrigue, et ces goûts de cabotinage effronté, qui mettent hors de leur époque et de leur societé les caractères et les maîtres restant fidèles encore à l'éloquence française?

— Monsieur?... Hep! Monsieur?... L'on ferme!

Comme pour relever ces caractères bas par quelque drame terrible, où le sang qui coulerait aurait peut-être la vertu de réchauffer ces âmes froides, Ferry avait déclaré la guerre. Les fils de France étaient partis, s'étaient battus, étaient

tombés, là-bas, en Cochinchine. Et puis, quoi?...
Rien qu'un énervement dans la douleur nationale, où toutes ces âmes détendues avaient pleuré,
comme de simples femmes, dans une crise où les
nerfs seulement sont en jeu. Le sang avait coulé
en rosée inutile, sur une terre aride qui ne rap-
porte pas une moisson de plus à la patrie sacri-
fiée. La douleur nationale avait dégénéré en
chicane de partis, dont Ferry devenait la stupide
victime. Et de cette haute école de courage, où le
pays pouvait apprendre sa leçon et trouver son
relèvement, rien, rien, ou tout au plus quelques
renversements de ministères dont les membres
mauvais allaient être remplacés par de pires.
Ainsi, rien, ni la guerre au dehors, ni la ruine
au dedans, ni le propre spectacle d'une France
qui use de paresse la couche où elle dort, rien
pour relever ce siècle à la hauteur des siècles précédents! Rien, ou à peine la chicane des partis,
et la reconstitution de la même Assemblée nationale que défait et refait, au gré de ses personnelles
et viles ambitions, une poignée de bazochiens!

— Monsieur!... Monsieur!... On ferme! C'est
l'heure.

C'est l'heure, en effet, où une main à poigne et
sans pitié n'a plus qu'à surgir quelque part, qu'à
fermer cette Chambre sans mandat ni mission de

représentants enrichis, qui ne représentent plus
la pauvre France, et qu'à placer contre la colon-
nade de ce palais avili l'écriteau de « Chambre à
louer » ; en attendant que viennent prendre place
sur ces sièges, Dieu le veuille ! des locataires
honorés, honorables.

— Mais vous êtes en retard, Monsieur !...

Et vous sortez. Et comme, sur le seuil, par
mépris, vous secouez vos pieds salis par la poussière, vous croyez entendre, derrière la porte qui
se ferme sur vous, un bruit sinistre et comme
quelque chose d'usé qui se détraquerait dans la
chambre d'un mort.

———

Telle est cette tribune, en cette Chambre.

Et tel est l'homme dont, par déférence, nous
n'y avons voulu prononcer le beau nom. Si la
France écrit, un jour, l'histoire de ses éloquences
nationales, après le comte de Montalembert qui
avait clos le cycle de hautes joutes oratoires, elle
saura nommer le comte Albert de Mun qui les
a réouvertes.

Ah ! mon Dieu ! que, vue d'ici, la rue du Mont-
Cenis est donc loin, est donc haute ! Et il paraît
que quelques ouvriers se risquent à en descendre,
pour s'égarer dans ces bas-fonds ?

Les braves gens !... Les pauvres autres !...

EUGÈNE VEUILLOT

C'est au numéro 10 de la rue des Saints-Pères, au fond d'une petite cour où vous marchez sur de la mousse pour faire moins de bruit, et où vous montez un étage pour vous isoler mieux encore du tapage parisien qui, Dieu merci! n'arrive ici, ni si loin, ni si haut.

Le maître de la maison qui vous reçoit bienveillamment, — passé quatre heures d'après-midi, l'épreuve quotidienne de l'*Univers* corrigée et recorrigée, les formes bouclées enfin et en route pour l'imprimerie, — est un vieillard plus que septuagénaire, à qui vous donneriez à peine soixante ans. Petit, râblé, trapu, rouge de carnation, blanc éblouissamment de ses cheveux très fournis et très longs, inspirant la bonté par son visage doux que le rasoir a leni jusqu'à la racine même de la barbe chassée sacerdotalement, ce doux

vieillard vous accueille moins en hôte qu'en père
et vous fait asseoir dans un de ses fauteuils vert-
pomme et dans un cabinet austère, avec ce tact
d'aimable politesse dont on use de moins en
moins, de nos jours, et aussi indifféremment
envers un ennemi déclaré qu'avec un ami reconnu. Aussitôt introduits dans ce cabinet austère, où un simple crucifix et une simple litho-
graphie du Pape tiennent la place d'honneur et
sont comme la devise sacrée de céans, votre hôte
vous fait asseoir, pour la conversation où sa voix
lente et chaude vous questionnera discrètement
plutôt qu'elle ne discourra avec verbosité, vous
fait asseoir dans un de ses fauteuils de velours
vert-pomme qui semble la couleur de la discrétion même dans l'honnête salon osant s'en tapis-
ser, comme d'un avertissement aux bavards. Là,
pas un meuble de trop ; et l'on y sent que les
paroles, bien en place, gagneront comme les
meubles par leur sobriété plus que par leur
tapage.

Ose-t-on même élever la voix plus qu'il ne faut,
dans cette pièce où l'oreille du maître est très
fine, — aussi fine et aussi prévenante, affirment
les intimes de cet homme, que sa parole prononcée
ou écrite semble lourde et que son allure, en
réalité, d'en avant paraîtrait presque retardataire :

cette allure d'aujourd'hui, le même que celle dont
Louis Veuillot disait plaisamment autrefois :

— Tes pantoufles n'ont pas des bottes de sept
lieues. Mon fils, elles n'arrivent guère !

Et puis, comment causer à son aise, dans ce
cabinet si plein encore d'imposants souvenirs !
N'est-ce pas là, à cette table, sous cette lampe qui
veilla si longtemps devant ce frère présent encore qui, si assidûment, collabora aux mêmes
luttes. à la même vie si merveilleusement unifiée
en deux corps pour lesquels une seule âme avait
suffi, n'est-ce pas là què cette tête du frère disparu
dans l'auréole d'une physionomie superbe, à force
de laideur, n'est-ce pas là que cette tête se cour-
bait sous la plume qui faiblissait comme une
épée pour pénétrer plus vive aux chairs frappées
par elle, là même que cette plume ou cette épée
s'attendrissait parfois comme aux mains d'une
mère, et que Louis, oubliant tout à coup la bataille, écrivait pour Eugène rêveur, qui le regardait faire, cette page suave qui est peut-être l'expression la plus vraie de deux âmes charmantes
dont l'une n'exista que parce que l'autre la fit
vivre :

« J'avais cinq ans, lorsque Dieu, songeant aux
besoins futurs de ma vie et de mon âme, me
donna un frère. La plus ancienne joie dont je me

souvienne fut de voir ce beau petit frère, endormi dans son berceau. Dès qu'il put marcher, je devins son protecteur ; dès qu'il put parler, il me consola. Que de jours sombres, changés en jours d'allégresse, parce que cet enfant m'a aimé ! Que d'heures pénibles, promises au mal, ont été abrégées par ses présences et terminées innocemment dans les fêtes du cœur !

» Nous allions ensemble à l'école, nous revenions ensemble au logis. Le matin, je portais le panier, parce que nos provisions le rendaient lourd ; c'était lui qui le portait le soir. Toujours, nous faisions cause commune. Je ne le laissais point insulter ; et lui, quand j'avais quelque affaire, sans s'informer du sujet de la querelle sans considérer ni la taille ni le nombre de mes ennemis, il m'apportait résolument le secours de ses petits poings ; et je devenais tout à la fois accommodant et redoutable, tant je tremblais qu'il n'attrapât des coups dans la bagarre. Certes, je n'ai pas subi une punition qui ne l'ait indigné comme une grande injustice. Si j'étais au pain sec, il savait bien me garder la moitié de ses noix et la moitié de sa moitié de pomme. Telle était notre mutuelle affection, que les préférences qui le cherchaient ne le rendaient pas orgueilleux, ni moi jaloux.

» Nous connaissons bien notre histoire ; chaque jour, nous en évoquons les chers souvenirs. Dînettes, batailles, jardins dévalisés, aventures gaies ou tristes, tout reparaît après vingt ans, frais et entier comme un événement de la veille : tout nous charme. Nous ne voyons pas que nous ayons une seule fois voulu méchamment nous affliger. Souvent, j'aurais fait l'école buissonnière ; mais il m'aurait suivi, et j'aimais mieux, ô merveille ! quel que fût le beau temps, remplir mon devoir avec lui que de lui faire partager la responsabilité de mon crime. Nous traversions des jardins pleins de choses tentantes, et je regardais tout d'un œil stoïque. Ce n'était pas pour éviter de lui donner mauvais exemple ; c'est qu'il n'aurait pu, à son âge, fuir aussi lestement que moi. Hélas ! quand sentirai-je, à l'exemple de saint Augustin, de vrais repentirs pour avoir volé tant de poires ? Mais il y en eut beaucoup de volées par amour fraternel.

» Il fallut quitter l'école et l'y laisser. J'allai travailler à gagner ma vie. Nous cessâmes, quelle douleur ! de nous voir tous les jours. Mais le dimanche nous réunissait. Presque toujours, il était le premier au rendez-vous sous le troisième arbre à gauche d'une allée de catalpas, au Jardin des Plantes. Il faisait un grand détour pour s'y rendre, sans traverser le pont d'Austerlitz, afin d'avoir un sou de plus à mettre dans notre bourse commune qui pourvoyait aux réjouissances de ce jour bienheureux. Quels battements de cœur, quand le premier arrivé voyait poindre l'autre, au bout de l'allée ! Quelles angoisses et quelles terreurs, quand l'un des deux se faisait trop attendre ! Mon Dieu ! n'a-t-il point été écrasé par une voiture ? Ne s'est-il point laissé tomber dans la Seine, en regardant par-dessus les parapets ? Car on aimait à voir nager les caniches, et c'était grand plaisir de suivre les manœuvres des trains de bois, qui passaient sous les ponts. Et si le pont s'était écroulé !... Dans ce temps-là, on ne supposait jamais une maladie ; on était si jeune et si bien organisé pour vivre ! Mais on redoutait les accidents. Ces épouvantes allaient jusqu'aux larmes. Il n'y avait point de raisonnement qui pût les calmer, ni de livre nouveau capable d'en distraire. Enfin, le frère paraissait et il n'était plus question que de se réjouir.

» Un jour, nous arrivâmes tous deux au rendez-vous, dans le même moment, de bonne heure, par le plus beau temps du monde. J'étais plein de mystère et de joie ; une plénitude de contentement débordait dans ses regards, dans ses sourires, dans toute sa personne. Il apportait quinze sous et un saucisson. J'apportais deux pains de seigle et un billet de spectacle. Oh ! la merveilleuse journée ; et que l'on peut être heureux, bonté divine, à raison de sept sous et demi par tête !

» Nous avons grandi, nous avons vieilli, nous tenant par la main et par le cœur. Présentement, nous sommes en âge d'hommes, et, grâce à Dieu, notre enfance n'a point cessé. Nous sommes encore ces deux frères qui portaient leurs provisions dans ce même panier. L'un ne peut souffrir, que l'autre ne pleure ; l'un ne peut se réjouir, que l'autre ne soit heureux ; l'un ne peut tenter une aventure, que l'autre n'en coure les chances aussitôt. C'est pourquoi, après des séparations, des épreuves, des vues diverses, nous nous sommes embarqués sur le même navire afin de défendre le même pavillon. Nos caractères, quoique différents, se touchent et s'enlacent dans une constante harmonie ; aucune dissonance, ni de goûts, ni de volontés, ni de désirs. Il est mon conseiller, et il me croit son guide ; il connaît mes défauts, et il ne les voit jamais ; il m'aide à réparer mes erreurs, et je ne sais s'il pense que j'ai pu me tromper.

» J'ai donc un ami qui, devant les hommes, me défend ; qui, devant Dieu, prie pour moi : un ami dont mon bonheur est le plus cher désir, et qui est prêt à tous les sacrifices pour me rendre heureux, qui sera toujours satisfait de ma prospérité, qui me restera fidèle en toutes mes disgrâces, que tous mes torts trouveront indulgent, et toutes mes peines compatissant. Et cet ami que j'ai en mon frère, mon frère l'a en moi. Nous sentons notre richesse. Nous demandons à Dieu de vivre ensemble, de travailler ensemble, de souffrir ensemble; car nous ne pouvons être, nulle part, si bien et si heureux qu'ensemble. Plaise à sa miséricorde, qui nous a donné même sang, même cœur, même labeur, de nous donner même repos à l'ombre du même clocher! »

Cet ami que Louis a voulu pour sa vie, Eugène le lui a gardé aussi fidèle après sa mort. On parle beaucoup trop des frères de Goncourt, et pas assez des Veuillot frères. C'est en comparant bien ces deux amitiés-là, dont l'une fait trop penser peut-être à celui que fait peut-être trop oublier l'autre, que, préférable à l'esprit de Jules n'évoquant celui d'Edmond que par le bruit qu'il en fait, on jugera l'esprit plus fraternel d'Eugène qui de tout temps a voulu disparaître pour mieux faire apparaître Louis. Et si l'on prend prétexte de l'affection idéale d'Eugène Veuillot, pour donner à son frère mort tout le mérite de leur œuvre si longtemps commune et pour ne laisser au survivant que l'hommage de sa seule vertu — qui, celle-là, est bien sienne, — il se trouvera des âmes encore assez éprises des beaux sacrifices pour préférer celui-ci à bien d'autres.

Mais, mérite pour mérite, celui que Louis a laissé à Eugène ne doit pas être de quantité si négligeable en matière politique, pour que l'Eglise de France le compte encore pour sa meilleure fortune, et que les vieilles fines mouches d'un parti trop ancien pour revivre briguent aussi l'honneur d'être ramenées par lui à la bataille. On dit même que le rédacteur en chef de l'*Univers,* trop bienveillant ou trop courtois pour refuser les rôles qui s'imposent à sa charge déjà si lourde, aurait accepté de figurer, comme un des chefs branlants de ce parti sénile, sur la liste suivante qu'une plume malicieuse s'est plue à commenter et que l'impartialité m'impose de transcrire *sans rature:*

M. Chesnelong, sénateur, joue dans le parti le rôle de duègne mâle, après avoir joué celui d'enfant terrible; porte du talent et de la verve dans l'un et l'autre emploi.

Le baron de Mackau, député, un vaincu d'hier qui pourrait être un vainqueur de demain, si la valeur et le désintéressement étaient armes suffisantes; met dans ses entreprises un esprit diplomatique si compliqué, qu'il échoue toujours.

M. Keller, ancien député, un héros selon les uns, un timide selon les autres ; un orléaniste selon tous.

M. Albert de Mun, le seul orateur de la droite, et peut-être de la gauche. Ses discours sont beaux comme la foudre ; ils effrayent leur auteur.

M. d'Herbelot, ancien magistrat ; une cravate surmontée d'une perruque.

M. Riant, conseiller municipal, un honnête homme qui se dévoue toujours et partout.

M. Terrat, président du Cercle Catholique, aurait pu réunir la jeunesse intelligente ; a préféré régner dans une cave ; a succédé à M. Belluze, de sainte mémoire, sans le remplacer.

M. Ancel, du comité des cercles ouvriers ; un spécialiste ; connaît son affaire, qui est une des plus belles dans le monde catholique.

Le R. P. Bailly, s'il était Italien, aurait débuté comme secrétaire du cardinal Antonelli ; directeur de la *Croix*, méprise tout le monde en général et ses lecteurs en particulier ; ces derniers le payent en respect.

Le marquis de Reaucourt, président de la Société Bibliographique, où l'on s'occupe de tout, excepté des livres catholiques (1). Véritable

(1) Contradictoirement à cette note, ma conscience m'o-

taupe de l'histoire, gratte depuis vingt ans dans les bibliothèques.

M. Lucien Brun, sénateur; un charmeur qui parle en français; sceptique de naissance, catholique de profession.

M. Buffet, sénateur; le plus spirituel des parlementaires; a vaincu M. Thiers; père illégitime du Septennat.

M. A. de Claye, unique rédacteur d'un journal qui n'en a pas besoin de plus.

M. le comte de Lanjuinais, passe sa vie à faire oublier son grand-père; plus catholique que nature.

M. Levé, directeur du *Monde*, un imprimeur qui se croit journaliste.

M. de Ravignan, sénateur : un grand nom, qui évoque le souvenir d'un grand seigneur et couvre un petit bourgeois.

Le comte de Roquefeuil, président de l'Association de la jeunesse catholique française, a le courage d'un soldat, l'honneur d'un gentilhomme.

M. Thellier de Poncheville : compte pour un, sur la liste.

M. Eugène Veuillot, a signé le dernier....

blige de déclarer ici que le premier important souscripteur de la *Bibliothèque des Petits Polémistes* a été M. le comte de Bizemont, agissant pour M. le marquis de Reaucourt et la Société Bibliographique. (L'Auteur.)

Je m'arrête, car mon commentateur n'ajoute plus que des bêtises. Ce qu'une plume impartiale dira bien mieux, c'est que la valeur d'Eugène Veuillot, journaliste pour son propre et long compte depuis 1843, et, dès cette époque, directeur pour le compte des autres du seul journal de France peut-être où la langue et les mœurs n'ont fait encore, ni une faute de français, ni une faute de morale, — la valeur de cet homme est, pourra-t-on dire, une valeur considérable.

Oui, je sais, il doit y avoir à l'*Univers*, comme dans tout autre journal, plus que de la morale et que des lettres, — de la politique. Or, celle de l'Empire est morte ; celle de la Monarchie ne vit plus ; celle de la République reste seule. Eh bien ! que celle-ci se fasse dame, décrotte un peu sa traîne, quitte les bras qui la taquinent et la traitent en gueuse, — elle, la République Française ! — prenne seulement une des cinq mains éminentes qui ont signé la fameuse Déclaration, et passe au n° 10 de la rue des Saints-Pères.

— Je puis lui garantir qu'on y est bien reçu, chaque jour, de quatre à cinq heures de l'après-midi. Il est vrai que c'est l'heure où le journal est bouclé.

Eh bien ! on le débouclera...

III

FRANCIS MAGNARD

En visitant quelque galerie publique de tableaux, ne vous est-il pas arrivé d'éprouver cette impression particulière qui m'arrête tout à coup ici et que j'essayerai d'exprimer en toute franchise, dans ce musée modeste de portraits auxquels une place plus digne fût certes souhaitable.

De ces nombreux personnages qui illustraient cette salle ou ce livre, bien mieux par le relief puissant de leur visage que par la bonne et faible volonté de l'artiste ou du tapissier seulement, l'un d'entre eux, plus vigoureux ou plus sympathique que les autres, se détachait de la muraille ou du feuillet, éclatait dans la salle ou dans le livre en vibrantes couleurs de la réalité ou en tonalités éteintes du rêve, éteignait par sa violence ou par son calme même tous les portraits d'alentour. Lui seul vivait devant vos yeux éblouis,

Benque inv.   *Michelet sculp.*

FRANCIS MAGNARD

vous attirait par sa physionomie forte ou douce jusqu'à son âme que pénétrait la vôtre, qu'en un instant elle apprenait par cœur et qu'elle aimait presqu'aussitôt, comme l'image amie qu'on chercha si longtemps dans les maisons des vivants et qu'on trouve trop tard dans les musées des morts.

Celle qui m'attire ainsi devant elle est bien vivante, Dieu merci! Mais je ne sais encore par quelle sympathie secrète elle m'arrête devant son cadre. L'homme qu'elle représente n'y est ni beau ni laid, ni petit ni grand, ni gros ni maigre, ni excellent ni pire, ni génial ni médiocre. A le voir dans la rue, vous ne retourneriez pas la tête vers ce passant, tant il ressemble aux autres ou s'efforce à ne s'en pas distinguer. A le visiter chez lui, la maison célèbre où il vous recevrait simplement vous engagerait même à n'y pas brûler longtemps vos pieds si, aux yeux des nombreux prétendants qui y préviennent ses trop lentes faveurs, vous ne vouliez passer pour un prétendant à votre tour, et par là même, vous ruiner sans grâce dans l'esprit rébarbatif du maître de céans, avant même que dans celui de ses gracieux hôtes. Tel est pourtant ce type, distingué et ordinaire à la fois, dangereux comme un roi sur son trône et inoffensif comme un sujet dans sa légalité, celui que je résumerais en l'appelant un « bourgeois galant-homme », dont la netteté même de son caractère entier mais intact rend plus facile l'étude qu'on en risque, à qui enfin on ose faire l'honneur d'une franche critique par la franchise même qu'inspire et que provoque son portrait, tout hors de cadre, en plein dans la lumière et l'improvisation.

———

Francis Magnard, — qui est aussi bien aujourd'hui le défenseur courageux des revendications équitables du parti catholique, qu'il était hier l'indifférent et respectueux spectateur de ce même parti respectable, auquel il appartient depuis qu'on le persécute, — est un ancien élève du petit séminaire de Notre-Dame-des-Champs. Ce fut dans l'enseignement ecclésiastique, où la conscience de l'étudiant trouve sa saine éducation autant que l'esprit son instruction solide, que lui, comme les meilleurs écrivains de nos lettres françaises, amassa le bagage de morale et de science qui saurait lui suffire pour le voyage littéraire où il se sentit sollicité, dès son départ du séminaire,

Vers 1859, pauvre et courageux employé aux Contributions directes de Paris, il ne connaît encore pour tout maître es arts que le modeste Jacques France, — ce pseudonyme de Paul Lecreux qui, depuis, a fourni toutes les mairies de bustes de Marianne, — et, pour tout homme de lettres, que l'obscur Achille Achaintre aujourd'hui mort de la fièvre jaune à la Martinique où il jouait les *financiers*, lui si riche, dans une troupe de camp volant. Notre gars ainsi lancé, un dimanche d'après-midi, le hasard le promène devant un théâtre parisien où un certain Pasdeloup inaugure, à ses risques, des matinées musicales. Le jeune homme s'arrête, paye sa place et entre l'occuper. A la stalle voisine de la sienne il regarde un monsieur, mûr déjà, gros de tête, haut de corps, qui, de son côté, observe bienveillamment son timide voisin... Mais les violons ont attaqué le concerto d'ensemble, et les deux spectateurs sont aussitôt saisis par les archets qui enlèvent leurs âmes au bout des crins de soie et qui les emportent, à travers les cieux bleus, dans le pays de l'harmonie et de la symphonie où ils se retrouvent, une heure après, amis et conversant :

— Alors, vous aimez la musique ?

— Oui, mais je préfère le journal !

— Où écrivez-vous ?

— Au *Figaro*,... mais si rarement, que le directeur ne m'y connaît pas personnellement encore.

— Et vous signez?...

— François Magnard!

— François?... Quelle naïveté! Voyons, on ne s'appelle pas François, chez Villemessant. Moi, de baptême, j'étais Antoine. Antoine qui?... Antoine qu'est-ce?... Mais signez Tony..., Tony Révillon, au bas d'un article pimpant, et vous verrez la différence. Appelez-vous Francis Magnard, et allez voir Villemessant en personne, avec votre nouvel article. Je lui annoncerai votre prochaine visite. Est-ce entendu?

Ce fut entendu et « Francis Magnard » devint, dès lors, le nom de cet obscur Figariste que le public apprit aussitôt à apprécier dans la *Revue des Journaux* et dans *Paris au jour le jour* qu'inaugura, chez Lespès, ce reporter patient. Il attendrait, à cette modeste besogne, l'emploi plus important que ferait l'avenir de ses qualités remarquables, escomptées d'abord à un prix bien modique par le barbier Villemessant passé maître à raser et à tondre.

Caractère typique, fait d'autres éléments que d'énergie et de patience, l'intelligence robuste et de longue portée de ce Magnard lui avait laissé pressentir, dans un avenir peu lointain, l'évolution totale du journalisme doctrinaire en journalisme sceptique, et la substitution du fil télégraphique aux informations verbeuses, pour la rédaction desquelles les quarante Membres de l'Institut, filandreux et incomplets l'un sans l'autre, ne vaudraient pas le corps entier d'un interviewer. Aussi Villemessant apprécia-t-il vite son homme, et le fondateur malin de tant de *Gazettes Roses* et d'*Événements* malheureux se garda-t-il d'éviter la fortune qui lui arivait enfin, grâce à la pratique ingéniosité d'un rédacteur nouveau dont il saurait mettre à profit et la pauvreté momentanée et la valeur constante. Ce Villemessant féroce qui, le premier, riait de tout et ne permettait à Paris de s'amuser que du reste; ce formidable nom en quatre syllabes qu'on épelait « Ville me sent! »; cet homme qui vous avait tout appris de sa philosophie rabelaisienne quand, sur une question, il avait dit en riant d'un gros rire et en frottant ses larges mains : « Elle est bien bonne! »; ce fondateur du *Figaro*, qui s'y passa de tout le monde, ne laissant rien à prendre dans le ventre de l'écrivain qu'il s'était chargé de vider; Villemessant devait donc rencontrer un homme qu'il ne viderait pas, que la férocité de ses trois syllabes et de sa fausse générosité plus âpre encore n'effrayerait pas. Eh! qu'importait à Magnard le faible appoint que Villemessant lui ménagerait sur sa caisse, jusque et passé même le mariage du peu fortuné rédacteur ? Ce qu'il voulait du *Figaro,* c'était sa feuille où écrive comme il la sentait la chronique, de 1869 à 1873, et, après l'échec de la restauration monarchique, le bulletin politique dont la sagesse mesurée épargna à ce journal l'échec du 16 Mai qu'eurent à subir presque tous les journaux inconsidérés de cette époque. Avec de telles promesses d'avenir, Villemessant, en 1879, pouvait mourir et être sûr que le *Figaro* dirigé, dès lors, par Magnard, survivrait glorieusement à son fondateur : ce même Villemessant qui, après les désastres de 1871, rencontrant ce même Magnard dans une rue de Versailles, le saluait de ce mot prophétique et un peu trop synthétique peut-être, — nonobstant Philippe Gille et Périvier présents et auxquels, aussi justement, ce salut s'adressait :

— Tiens ! ma rédaction !...

Cette rédaction du *Figaro,* cet avenir du journalisme français, c'était Francis Magnard qui les personnifiait déjà en 1871, et qui en dirigerait les destinées, huit ans plus tard, quand le conseil de la rue Drouot élut en lui le successeur de Villemessant et l'homme le plus apte à entrer, sans nuire à son personnel caractère, dans la culotte mi-partie blanche et bleue et dans les pantoufles légères dont le barbier de Beaumarchais s'habille

et se chausse, pour aller faire la barbe de la Cour
et celle de l'Eglise, à volonté, et avec la même
désinvolture.

———

Aujourd'hui, Francis Magnard a cinquante-
quatre ans d'âge et quatorze de règne, peut-on
dire, de lui, comme des rois de France dont on
ne le dit plus, depuis que le *Figaro* qu'il dirige a
entrepris de les chasser, et jusqu'à ce qu'il plaise
à ce même journal de les rappeler sur le trône.
En attendant, depuis quinze ans déjà, c'est Francis Magnard qui règne en France. Cette période,
relativement courte, n'est pas précisément celle
d'un bien vieux roi ; mais, eu égard à la verte ma-
turité de ce monarque nouveau, on peut encore
placer ce roi parmi les jeunes et prédire qu'il rè-
gnera longtemps.

Sceptique, quand il écrit, m'a dit quelqu'un qui
le connaît bien, il est chercheur du vrai et du
juste. Républicain par tempérament, la fortune
et les nécessités de la ligne du journal l'ont un
peu modifié ; mais, en y regardant bien, il tape
sur le prêtre et sur le monarque toutes les fois
qu'il le peut, rétablissant les royalistes et frappant
après sur les républicains. Très passionné dans la
conversation, il outrepasse toujours ses convic-

tions. La plume à la main, il redevient la souveraine raison. Il laisse chacun libre, respecte la copie, ne demande à aucun le sacrifice des opinions; il méprise ceux qui le suivent, sans une conviction, par platitude.

Cette nature, si pondérée quand elle écrit, devient une nature inquiète, changeante, dans la vie. Il voit une ville en une heure, et un musée en dix minutes. Il a lu tous les journaux en une demi-heure. Et il a tout vu, tout retenu. C'est une mémoire prodigieuse, et des plus petits faits.

Tout lui est venu au-delà de ses désirs; et il regrette souvent de n'être pas malheureux, pour pouvoir se plaindre et protester. De grande loyauté, il est une des rares honnêtetés du journalisme. Ainsi, très avide de voir, de connaître du nouveau, il y a de l'inquiet en lui. Il y a, en lui, du Guillaume d'Allemagne : il a hérité d'un gros royaume et s'agite, toujours inquiet pour ses frontières...

Ses bulletins politiques et quotidiens sont le résumé le plus complet et le plus impartial de toutes les questions courantes. Il n'a quitté la rédaction de la chronique que pour écrire ces bulletins, avec la même méthode de clarté et de bon sens, qui les caractérise tous. Ils sont tellement la substance de l'actualité que, pour écrire l'histoire de France la plus entière, l'annaliste de l'avenir n'aura à consulter, semble-t-il, que les *échos* du premier journal venu pour les faits qu'ils indiquent, et que la *politique* de Magnard pour la philosophie ordinairement exacte et toujours saine qui s'en dégage. Elle est si exacte et si saine, que l'on . rait tenté de lui souhaiter une autre place que celle du *Figaro* où chaque chose a le droit de paraître frivole. Mais la sagesse de cette prose y est à point pour contre-balancer, par quelque gravité, la légèreté apparente des autres. En trente lignes, elle nous a tout dit, tout appris ; le temps de faire lire à souhait aux esprits les plus frivoles cette sagesse en bulletins, qui les fatiguerait en chroniques.

Une de ces chroniques prise au hasard, ce matin même où ce chapitre est écrit, nous servira d'exemple le plus impartial et le plus convaincant :

LA POLITIQUE

Toutes les fois que M. d'Haussonville va porter la bonne parole à la jeunesse ou à la vieillesse royaliste de province, il leur recommande « l'action » comme la meilleure propagande en faveur de la cause. Il a raison. Malheureusement, on ne paraît avoir trouvé jusqu'ici qu'une forme unique de l'action, qui est la conférence. Or, dans tous les partis, la conférence politique est une cérémonie qui s'ac-

complit d'après des rites prévus, dans un milieu à demi
fermé, devant des auditeurs gagnés d'avance à la cause
dont ils viennent entendre l'apologie.

Pour que la conférence pût devenir utile, il faudrait en
agrandir le cadre, la transformer en des réunions publiques
et contradictoires où l'orateur pourrait entendre et, s'il y
a lieu, rétorquer les objections.

Il n'y a pas à dire : le plan monarchiste s'épuise ; les
officiers de la garde royale qui ont brisé leur épée en 1830,
et dont les romans élégants ont fait jadis une si grande
consommation, sont devenus fort rares : il faut être très
mûr pour se rappeler le bon temps de Louis-Philippe (de
1840 à 1848), et encore des âmes vraiment royalistes n'y
goûtent qu'un bonheur incomplet, étant donnée la tare
originelle de la monarchie de Juillet. Les jeunes gens et
les hommes de trente à cinquante ans ne connaissent plus
que par ouï-dire les avantages de l'institution monarchique : il serait urgent, pour faire des boutures nouvelles,
de se mettre en contact avec la foule, de raisonner avec ses
adversaires, et de ne pas se contenter d'avoir satisfait ses
amis.

Il faudrait surtout pouvoir dire, à ceux qui viendraient,
incertains, défiants, peut-être mécontents de la République,
où, quand et comment on espère avoir raison du suffrage
universel, renverser un régime qui existe, qui fonctionne
depuis vingt-deux ans, qui a eu ses vilains moments, mais
aussi ses périodes heureuses et ses épisodes satisfaisants.

Tant qu'il n'y aura pas moyen de répondre avec quelque
précision à ces questions, je doute qu'on décide les ennemis ou même les indifférents à se passionner pour l'hypo-
thèse d'une restauration, quelques bienfaits probables
qui puissent en résulter. — F. M.

Et celle-ci encore :

Le texte de la loi contre les associations religieuses (car c'est le vrai nom de la loi qu'on appelle sans rire la loi sur la liberté d'association) n'a pas modifié les impressions qu'avait données le résumé public il y a quelques jours. Il s'agit bien d'une loi de défiance sinon de persécution et M. Cunéo d'Ornano en a fort bien indiqué hier les mauvais côtés. Ce que je trouve peut-être encore plus choquant que les prescriptions édictées et qui dans la pratique peuvent être grandement atténuées par la tolérance ou l'indifférence des gouvernants, c'est l'esprit bizarre qui a inspiré certains articles, certains passages de l'exposé de motifs notamment, qui font penser à la fois à Pigault-Lebrun ou aux *Victimes cloîtrées* de Monvel.

D'abord, il y a la visite administrative et judiciaire des établissements « dans lesquels sont réunies des personnes en condition de vie collective ou commune ». Pourquoi ne pas dire tout simplement des couvents ? Les auteurs du projet semblent croire que ces maisons de prière et de silence recèlent des mystères, des contraintes qui nécessitent l'intervention; d'un préfet ou d'un magistrat. Vous voyez d'ici persister la légende des religieuses malgré elles chère à la littérature de la fin du siècle dernier ? N'est-ce pas encore la même arrière-pensée qui a dicté l'étonnante phrase sur « la renonciation à l'exercice des facultés naturelles de l'individu » qui est considérée comme « non avenue » ?

On ne peut, dit l'exposé de motifs, aliéner le droit de se marier, de posséder, d'exercer une profession. Pardon ! pardon ! ce droit d'aliénation résulte en définitive d'un acte toujours libre de la volonté individuelle, et la faculté de rester célibataire, par exemple, survivra, je pense, à toutes les législations.

Les promoteurs du projet en sont encore aux chimères saugrenues sur des vœux forcés, éternels, auxquels on ne peut échapper et qui, d'ailleurs, ont depuis longtemps perdu leur réalité légale. La même préoccupation se retrouve en ce qui concerne les associations ayant leur siège à l'étranger. La fameuse définition du jésuitisme dont « la poignée est à Rome et la pointe partout » apparaît derrière ces arguties légales.

Comment peut-on ignorer ainsi la persistance de l'esprit de renoncement chez des âmes délicatus ou éprises de mysticisme? Les légistes du ministère vivent vraiment dans la lune; leur enfantillage est si énorme qu'il suppose une bonne foi évidente. Tout cela est misérable, faux; c'est un ramassis de formules révolutionnaires usées jusqu'au comique. Et il serait si simple de tout arranger avec la liberté pour tous. « Qu'on puisse aller même à la messe », disait Béranger. On n'a rien trouvé de mieux encore. — F. M.

Cette *politique* étant écrite chaque soir quand toute la journée a été employée à la mûrir, Magnard, le premier arrivé à son journal pour en sortir le dernier, donne le reste de son temps à la copie des autres. Il ne corrige pas l'article ; car, aux yeux de ce penseur rassis, un seul mot qu'il y faudrait déplacer le démonterait entièrement; tant, à son avis, une exacte rédaction devrait être la formule adéquate d'une conception homogène. Mais, chaque jour, il lui faut sa chronique choisie entre mille, et, le plus souvent, différente et en contradiction même de celle de la veille, selon la liberté extrême que lui permet de prendre l'esprit de son journal. Cette chronique acceptée, il la publie chaque jour avec la recherche jalouse d'un éditeur sévère pour son livre précieux et préféré. Mais à ce tri des rares copies excellentes et à cette exclusion des autres, si nombreuses, que de mécontentements à ménager avec délicatesse et que d'inimitiés à éviter noblement! C'est cette délicatesse qui vous charme, dès le premier abord de cet homme aux formes pleines et brusques d'apparence, et où se recouvre une timidité naturelle faisant papilloter l'œil, qui vous regarde vaguement, de très loin, et hésiter la voix où les paroles roulent à demi prononcées ou trop pressées par la besogne et par les souvenirs.

Il en sait tant, de ces histoires où le courage des ouvriers de la plume n'a point toujours suffi pour faire de ceux-ci des maîtres, et de leurs copies des chefs-d'œuvre !

Celle-ci, entre autres, qu'il n'a pas oubliée.

Un jeune homme apporte à un journal son premier article. Le directeur de ce journal lit cet article, l'accepte et invite son auteur ravi à venir, le soir même, en corriger les épreuves. Le lendemain, l'auteur ému entr'ouvre, avec des mains tremblantes d'amant qui vont lui découvrir sa pensée, ce bien-aimé journal où l'article cherché... brille par son absence. Le lendemain, le surlendemain, la semaine entière, se passent dans ce silence de tombeau où le journal, qui ne laisse pas lire à l'écrivain son œuvre, n'est, tout entier, pour ce dernier, que lettre morte.

Que faire ? Aller se plaindre, sans espoir d'être écouté ; ou bien se résigner, dans l'inaction de l'esprit retombant épuisé sur lui-même. Le jeune homme étant de ceux qui travaillent et qui osent, aime mieux composer un deuxième article et l'apporter hardiment au journal. Pour celui-ci encore, même accueil que pour le précédent : lu par le directeur, il sera envoyé à la typographie ; corrigé par l'auteur, il passera le lendemain dans les colonnes du journal ?...

Eh bien ! non, le deuxième article ne passa guère mieux que le premier. Le rédacteur, à bout de courage, avait perdu toute résolution, lorsque, ses yeux se promenant tristement dans la chambre et s'arrêtant sur un berceau où le premier-né sommeillait, le courage revint au jeune père. Aussitôt, de cette même plume qui n'avait plus d'autres articles à écrire, il traça une lettre où il disait avec noblesse au directeur heureux que son chroniqueur passager se recommandait d'un berceau chéri et d'une médiocre fortune, pour se rappeler aux bonnes intentions du journal qui n'avait pas jugé bon d'utiliser sa copie.

Le lendemain ce chroniqueur recevait de ce journal le payement doublé des deux articles ; et Magnard apprenait à ses frais et à son profit comment rendre à autrui la monnaie de cet argent que Villemessant lui avait enseigné à gagner avec peine, et à répartir avec joie et justice.

Cette histoire, — et combien d'autres semblables ! dont il sied à la générosité de Magnard de ne plus se souvenir — celui qui la raconte ici en a reçu par confidence et en mains propres, toutes les preuves et en garantit l'authenticité, à l'honneur d'un rédacteur en chef qui use de si louables égards envers ses rédacteurs subalternes.

L'honnêteté de conscience et la rectitude d'esprit, tel fut le principal avoir de cet homme. Il en a fait justement sa fortune. Si l'histoire littéraire de demain cherche sa place à ce chroniqueur d'aujourd'hui, trop moderne et d'une politique trop raisonnablement évolutionniste pour que les gouvernements stables d'Empire ou de République puissent l'utiliser, en le fixant chez eux par et sur une croix — où Magnard, on le sait, ne se laissera jamais clouer, — c'est entre Rabelais et Montaigne qu'il faudra la trouver à l'auteur de *L'abbé Jérôme*. Rabelais, dont il a la gaieté bien portante, aurait aimé sa compagnie, pourvu qu'il y fît moins de politique ; et Montaigne eût estimé que ce Français, né en Belgique, aurait dû voir le jour en Gascogne, pour regarder les hommes si changeants avec une philosophie plus indulgente encore, et pour dire sur toute chose cet éternel *que sais-je?* qui est peut-être la plus humaine des humanités et la plus raisonnable des raisons. Qu'en dira l'auteur des *Aventures d'un Positiviste?* Et c'est pourquoi Figaro peut bien conclure en toute sagesse, lui, d'apparence si frivole, avec sa taillole à grelots sur les flancs dégagés et sa résille de soie noire en régalade sur la tête :

— Je me hâte de rire de tout, de peur d'être obligé d'en pleurer.

IV

PAUL DE CASSAGNAC

Un géant de six pieds et quelques pouces, —
sans compter les pouces des gros pieds, — tra-
verse ou enjambe Paris comme terre conquise, et
les hommes comme troupeau de possession ;
vrai et redoutable corriente des Pampas, non loin
desquelles il naquit, un 2 décembre (pour faire
aussi le sien), et où il prit de sa mère cette lour-
deur du tombeur et du vendeur de bœufs qui,
toute sa vie, contrarierait l'allure du mousquetaire de Gascogne que son père eut la malice de
lui poser, comme un portrait d'inimitable peinture.

Mulâtre idéal, au visage moins beau et aux
yeux moins ouverts même que sa supérieure
intelligence, il fait, jusqu'à vingt ans, les délices
de l'abbé son oncle qui, moins sceptique et tout
aussi lettré que le mirandolien Granier père,

Benque inv.   *Michelet sculp.*

PAUL DE CASSAGNAC

10.

prépare dans le fils un écrivain moins érudit et plus consciencieux peut-être. — Maître de lui, dès vingt ans, par ses dipômes qui ne l'engagent pas à se faire le robin des vœux les plus ardents de Granier qui, perdant chaque fois ses procès, voulait enfin avoir dans sa famille un avocat moins bâté que les autres et pas si cher, Paul est repris par l'influence héréditaire des sauvages Corrientes ses aïeux et va, en compagnie d'un sculpteur et d'un peintre, vivre tout nu à Bougival, le long de l'eau, dans l'île qui depuis a conservé le nom de Grenouillère.

Pourtant, en pleine banlieue à Paris et sous les yeux scandalisés du maire de Croissy qui menaçait de caleçons le phalanstère réfractaire, vivre longtemps comme un Peau-Rouge ou comme un Patagon du pays d'origine finissait, les années et la civilisation survenant, par n'être plus chose commode; et c'est alors que Paul de Cassagnac imagina de sauver sa liberté gênée, dans ces pampas autrement libres et autrement sauvages que celles d'Amérique : le Journalisme.

C'est alors que les bêtises commencèrent ou, pour continuer, se reprirent.

A vous la raconter encore, on ne vous referait que pour la mille et unième fois l'histoire d'aventures la plus sympathique et la plus agaçante, la plus hardie et la plus inutile, la plus mouvementée et la plus monotone, de ce Gascon de La Guadeloupe et de ce mousquetaire du lazzo, qui brûle la capsule comme pas un, et la fortune d'un parti comme personne au monde. A la plume, au chausson, au pistolet ou à l'épée, il n'eut pas son pareil à user sous son poing trop large, — pour être fin également, — la Monarchie après l'Empire, l'Empire même après le reste, autant de macaques à assommoir et de cartons à cible, qu'il en fallait à ses durs coups.

Mais ce temps est passé, et nous ne sommes que de celui où ce tombeur des régimes finis va, qui sait! tomber encore la République.

En cette affaire qui sera, espérons-le, tout à la gloire de Cassagnac, il semble à ses meilleurs amis et aux plus heureux admirateurs de son superbe talent que, pour un premier coup, son pied ou son poing de toreador indomptable — sinon jamais vaincu — s'engagent mal.

Ce premier coup, qui est aussi son dernier, le voici.

Un moine, un tribun, une force comme il en faut une aujourd'hui à l'Eglise de France, monte en chaire devant une assemblée de catholiques divisés par les partis anciens auxquels la République à conquérir demande d'unifier leurs forces et de centraliser leurs volontés dans une politique générale et honnête qui les invite à la victoire. Ce moine, porte-voix de la majorité des catholiques, s'adresse à la minorité des chrétiens monarchistes et impérialistes, et leur dit :

L'union de l'Eglise de France, c'est le grand devoir, le devoir urgent, le devoir nécessaire, le devoir important, le devoir qui ne souffre pas de retard ni d'hésitation, et qui s'impose, comme celui de venir au secours de la maison qui brûle...

En quoi consiste l'union des catholiques, de tous les hommes qui ont faim et soif de justice ? Evidemment, pour les catholiques, l'union dont je vous parle n'est pas l'union dans la foi, l'union dans la loi morale, l'union dans la discipline générale et dans le culte, union qui constitue ce qu'on appelle essentiellement l'Église qui est partout et qui se reconnaît à ces signes d'unité. Grâce à Dieu, personne ne songe à nier le dogme, la loi morale de l'Évangile ; personne non plus ne songe à s'attaquer à la discipline générale de l'Église. L'union que je réclame, Messieurs, c'est l'union dans l'action publique.

Oh ! vous allez vous récrier, vous allez peut-être dire : Voilà un article nouveau qu'on ajoute aux dogmes.

Non, Messieurs, non, nous sommes plus intelligents que vous ne pensez ; quand nous demandons l'union des catholiques sur le terrain de l'action publique, nous ne faisons que rappeler un devoir que le temps actuel réclame, mais qui existait avant et qui existera dans une autre forme, après.

N'oublions pas que le monde marche, et que, si le monde marche, l'Église marche avec le monde ; elle y est implantée, elle est comme un passager dans un navire : le navire s'en va, le passager va avec le navire, et ce passager a quelque droit à en surveiller, à en guider la route.

A toute époque, c'est une loi de l'histoire, les catholiques se sont unis pour agir dans le milieu où ils avaient à vivre. Ils ont toujours demandé la liberté de s'y étendre et de s'y fortifier. en s'accommodant aux conditions que ce milieu leur imposait. Mais, aujourd'hui, la question prend une gravité plus haute; vous ne pouvez pas oublier que nous sommes tous citoyens et tous électeurs; je ne viens pas faire un catéchisme électoral, non, je constate un fait indéniable, le fait par lequel nous devons nous regarder tous comme ayant une part de gestion dans les affaires publiques, tous rois à la trente-six millionième partie, mais rois.

Comment, vous vous étonnez! Qui est-ce qui pourrait protester légitimement ? Ce qui me surprend, au contraire, c'est que ceux qui attaquent la royauté, — une des formes anciennes de notre gouvernement national, — oublient qu'en réalité nous en avons pris tous un morceau, que les trente-six millions de Français ont taillé leur petite part dans la pourpre royale; et ainsi, étant tous un peu rois, nous sommes tous aussi un peu maîtres. Le parlementarisme, qui est la forme de la maîtrise de notre pays, le parlementarisme, c'est la royauté de ces électeurs répandus dans la France entière, c'est le pouvoir.

Je ne blasphème rien, je n'incrimine rien, je constate des faits. C'est pourquoi, messieurs, je demande aux catholiques de s'unir, parce qu'en s'unissant ils peuvent devenir une majorité parlementaire, et par là même défendre efficacement leurs intérêts religieux. Lorsqu'on est la majorité parlementaire, on peut parler en maître, on peut légiférer comme on le voudra et comme on le croira, suivant la conscience.

Ce droit est inaliénable.

Je n'accuse personne, mais je me permets de dire aux catholiques de l'Eglise de France : Oh ! naïfs que vous êtes, vous vous amusez à vous plaindre, à récriminer, à regretter, à maudire ; unissez-vous en silence, organisez-vous sous le couvert des lois de liberté que nous avons encore et qui protègent tout le monde, parce qu'il y a une puissance qui, en fait, domine tout : c'est la puissance de la majorité pour faire et défaire les lois.

Catholiques qui m'écoutez, si vous voulez être forts pour la défense de vos droits, devenez la puissance parlementaire ; sinon vous n'avez qu'à passer la frontière ou à subir l'oppression qui peut être accablante. Il faut être pratique. Quand on est dans un pays, quand on est dans une maison, si on veut l'habiter, qu'on y reste comme un esclave ; et, si on ne peut se résigner à y être comme un esclave, il faut en sortir, ou en devenir les maîtres ou les hôtes respectés. Eh bien, Messieurs les catholiques, si vous voulez avoir une influence dans votre pays, n'attaquez pas inutilement, ne criez pas en vain, ne publiez pas des journaux qui s'enferment dans une opposition stérile et sans issue : encore une fois, dans un gouvernement parlementaire, sachez devenir la majorité, ou bien on vous étranglera, et vous l'aurez voulu...

— Nous étrangler ? Qui veut nous étrangler ?... riposte l'interrupteur infatigable que le procès-verbal des Chambres n'a même pas besoin de nommer pour qu'on le reconnaisse. Mais nous ne sommes pas aux Chambres, Monsieur de Cassagnac ! Nous sommes à l'Eglise ; et là, pas plus que nous, le peuple, — et vous en êtes aussi, — vous n'avez droit à interrompre l'orateur chrétien que vous n'aurez pas compris, quand vous pensiez que c'était pour vous seul qu'il parlait.

Cette fois pourtant, prêtez l'oreille : c'est peut-être bien à vous qu'il s'adresse.

J'admettrai que vous soyez comme citoyen l'homme que vous voudrez, que vous soyez impérialiste, monarchiste, orléaniste, républicain ou homme avancé ; je vous assure dans mon indépendance d'apôtre, je n'ai aucun préjugé, je n'en veux pas. Si j'en avais, ce serait malgré moi, tant je comprends que le ciel est au-dessus de la terre et que nos petites disputes ne peuvent pas changer le cours des étoiles et cette course effrayante qui nous emporte vers la constellation d'Hercule; ce qui n'empêche que nous ayons nos petits intérêts, dans ce bas monde.

Je demande aux catholiques et aux incroyants qui sont ici de dégager la question politique de la question religieuse : c'est ce que j'appelle une œuvre de dégagement. Voyons, vous qui ne croyez pas, vous qui vous dites les hommes de la science, vous qui vous dites les hommes d'un parti et d'une forme politique déterminée, je vous demande à tous de laisser de côté ces intérêts secondaires, c'est un terrain sur lequel vous vous battrez ensuite, mais où il ne faut pas traîner les questions religieuses, qui demandent à être laissées dans leur sérénité...

Voyons, catholiques, ayons l'audace de notre foi. Un vrai disciple de Jésus-Christ, qui a fait la grande unité humaine, ne doit pas se laisser distancer, ni permettre qu'on prenne la tête dans cette œuvre de l'unité.

J'admets les scrupules, Messieurs, je les comprends; ils sont respectables; je trouve que vous êtes de nobles cœurs, mais autre chose est d'être prudent et de mourir sur un tombeau, autre chose est de prendre en main le glaive et de s'en aller envahissant les terres qui sont à conquérir.

Quand on est un croyant, on ne peut pas s'arrêter toujours sur des tombes, fussent-elles sacrées, trois fois sacrées; on ne peut pas être là simplement, comme une statue qui honore un mausolée. Vous nous direz : Ces statues vivront ; gloire à vous si vous devez vivre ; mais la vie n'attend pas ; on dit qu'à chaque seconde, sur cette terre, un être vivant tombe dans la mort, et qu'un être vivant arrive à la vie. Vous autres qui occupez la place, vous ne pouvez pas attendre ; il faut triompher, ou la céder.

Il n'y a qu'une sorte d'êtres qui méritent de vivre, ce sont ceux qui combattent, et c'est pour vous placer sur le vrai champ de la lutte et de la victoire que je vous prie de bien délimiter le terrain des intérêts de parti et des intérêts religieux.

Là, Monsieur de Cassagnac ! c'est à vous, s'il vous plaît, que ce discours s'adresse. Et si vous croyez qu'un orateur en ait assez dit pour expliquer sa pensée et alléger la vôtre, fermez ici sa parenthèse, et permettez-lui de continuer à s'adresser plus généralement à nous, bon peuple, qui n'en savons pas autant que vous, mais qui nous taisons mieux pour être aussi mieux instruits, à la longue.

Je fais appel à l'honnêteté de tous : quand on parle de droit commun dans un pays comme la France, on parle d'un droit qui englobe tous ceux qui ont l'honneur, et certes nous ne le déclinons pas, d'appartenir à cette terre d'élection. Comment la dédaignerions-nous cette terre d'élection que nous avons faite des labeurs, des vertus, du génie, de la foi de nos évêques et de nos moines ? Comment renoncerions-nous à cette terre dont l'Eglise a fait notre patrie ?

O Français incrédules, vous ne pourrez pas vous dégager de la divine élection qui a infusé dans vos veines le sang de l'Evangile : je vous en félicite ; quand on a dans ses veines le sang de l'Evangile, on ne meurt pas ; et je voudrais dire cela à la Triple-Alliance, pardonnez-moi ce mot politique, je voudrais le dire aux Italiens, aux Autrichiens, et aux Allemands que je connais bien ; oui, Messieurs, quand on a dans ses veines du sang de l'Evangile, il n'y a pas de Germains qui tiennent, il n'y a pas d'Etrusques qui tiennent, il n'y a pas de Slaves qui tiennent. Non, ô Triple Alliance, tu n'auras pas raison de ce peuple qui a été baptisé par le Christ et qui a été relevé par les évêques qui lui ont donné la morale de l'Evangile, et éduqué par ces moines robustes dont saint Bernard a été le héros et qui ont fait de ce pays un pays uni. Ni l'Espagne, ni l'Italie, ni la Germanie, ni l'Angleterre, ne [peuvent en revendiquer autant.

Ce qui fait l'immortalité de ce pays, ce n'est pas la science dont vous vous prévalez, la richesse qu'on lui envie ; non, c'est l'Évangile, qui coule dans ses veines et qui est son génie, génie que rien d'humain ne peut détruire et qui, tôt ou tard, j'en ai la conviction, nous ramènera fidèles au Crucifié.

Mais, par quel moyen établir légalement ce règne des libertés publiques de droit commun ? Acceptez le pouvoir établi, le pouvoir qu'il ne faut jamais confondre avec les partis extrêmes et violents. Apportez-lui une majorité non pas seulement sur un plat d'argent, mais, s'il le faut, sur un plat d'or, et contraignez-le à marcher en avant, non pas dans le sens de l'oppression, — c'est reculer, — mais dans le sens de la justice et de la liberté de tous.

Je sais tout ce que l'on peut dire à l'encontre de ce conseil, et je n'en ai cure ; parce que j'ai conscience de l'état réel de mon pays, où le pouvoir dépend toujours des majorités et où, bon gré, mal gré, il ressemblera toujours aux majorités qui le dominent. Pourquoi, catholiques, laissez-vous faire la majorité par ceux qui vous attaquent ? Vous boudez, vous émigrez ; quand on boude, quand on émigre, on est perdu ; on laisse sa place à d'autres qui s'en emparent.

11

Je demande donc aux catholiques qu'ils comprennent l'avenir et leur grande situation. Messieurs, ne vous laissez pas absorber par les affaires privées qui vous occupent, par la richesse que vous poursuivez, ou endormir par la tranquillité du foyer. N'écoutez pas vos femmes, quand elles vous conseillent l'inertie. Pour ma part, je ne serai rassuré que quand j'entendrai les femmes dire : Va, mon ami, va combattre pour la liberté de notre foi. — Si je meurs ?... — Tes fils te vengeront !

Donc, emparez-vous légalement du pouvoir ; quand vous serez les maîtres, vous ferez ce que vous voudrez, et ce que vous pourrez, suivant le droit, la justice et l'Evangile. Vous êtes le nombre ; organisez-vous pour être la majorité.

Ainsi avait parlé le Révérend Père Didon, le 17 janvier 1892, dans l'église primatiale d'Aquitaine ; et son discours avait trouvé aussitôt dans toute la France religieuse et politique le retentissement qui lui était désirable. Il y avait rencontré l'approbation des partisans, le respect même des adversaires. Mais pour Paul de Cassagnac et quelques rares émules de ce parlementaire sans vacances, c'était chose trop facile de comprendre la pensée stricte de l'orateur, ou chose trop difficile à lui de se taire quand un autre avait osé parler. Et comme celui-ci avait épuisé la logique même de son sujet, il ne restait à celui-là qu'à y ajouter des déraisonnements auxquels il se garda bien de faire défaut. Et c'est alors que nous assistâmes à ce débordement d'injures où Cassagnac passe maître, quand il veut se donner la peine d'être plus insolent que le concile réuni de toutes nos concierges. Et notre Père de l'Eglise de fulminer aussitôt contre ce moine scandaleux auquel il ne reste guère mieux, pour réparer sa faute irréparable ou pour y ajouter la sanction digne d'elle, qu'à jeter sa défroque aux quatre vents de son insolente éloquence. Didon n'est plus qu'un « Hyacinthe avant la chûte », qu'un « Lamennais sans talent », qu'un « Savonarole de barrière », qu'un républicain pour tout dire, préparant sa candidature de député aux élections prochaines.

Républicain, oui ; mais d'un autre genre que les vôtres, ce moine qui apprit à aimer la liberté aux dures leçons d'une obéissance admirable où, ni les vôtres, ni vous, ne vous êtes fait admirer encore. Républicain, oui ; mais, ni pour lui qui a conquis sa liberté d'intelligence affranchie par l'étude, ni pour ses frères auxquels leur caractère de prêtres suffit pour ne dépendre que de leur conscience et pour se désintéresser de ces mandats qui les amoindriraient et que Didon, d'ailleurs, leur interdit impérieusement avec ces mots qu'il ajoute encore et que vous avez bien garde d'entendre, avant de regagner la calme cellule qui suffit à ses vœux : « Quand je vois des catholiques qui prennent les armes de l'incrédulité, je m'attriste. Quand je vois des prêtres même, des prêtres comme moi, plus jeunes, moins expérimentés par conséquent, se transformer en violents, je suis envahi de tristesse. Laisse-moi te le dire, prêtre! tu détruis la grande œuvre de Jésus, en croyant la défendre. Tu déchires la robe sans couture du Christ. Tu te fais le semblable de ceux qui ne règnent que par la division. Va combattre alors, et te faire tuer contre l'ennemi. Mais ne viens pas servir à l'autel. »

Républicain, ce prêtre? Républicains nous-mêmes, que le navire dont il parle emporte dans son mouvement vers l'avenir des conquêtes nouvelles? Oui vraiment. — Et vous, les émigrés du passé, les immuables habitants du rivage où il n'est plus de places que pour les tombes, royalistes toujours et quand même?...

Mais regardez-les donc, vous du moins dont les audaces sont crânes et qui ne semblez né avec votre vigueur d'athlète que pour les marches en avant et que pour les batailles d'avenir où l'on s'honore à tomber ou à vaincre ; ah ! regardez-les donc ! Dans cette île d'arrière-fond où ils s'encaquent et d'où notre navire s'éloigne à toutes voiles, pour se donner encore des airs d'automates remontés ils marchent, eux aussi, les uns sur les

talons des autres, ceux-ci sur la valeur de ceux-
là, plus usés, plus défraîchis, plus fripés que la
bannière d'il y a un siècle, derrière laquelle ils
processionnent plus penauds et plus nuls que
leurs laquais eux-mêmes : cette bannière du temps
de Fontenoy où n'est inscrite, depuis Valmy, aucune de nos victoires nationales et autrement salutaires où aucun d'eux n'a voulu figurer. Mais c'est
à leur jeter des noisettes, à ces singes des belles
grâces, dont l'un imite l'autre et dont aucun n'es-
saye de se personnaliser par cette chose si simple
pourtant : l'œuvre !

Et, cette servitude, pour être fidèles à un nom,
comme le chien l'est à son maître. Tout cela, pour
s'appeler, de père en fils, le comte ou le marquis
du coin d'un bois dont on a pris son titre, tout
comme le bandit de même époque y prit d'ailleurs le sien : ce bois, derrière lequel votre propre
grand'mère, madame de Cassagnac, ficha son
titre pour qu'il vous fût légué et où votre cousin
Lissagaray, lui, laissa... bien autre chose. Et
c'est de ce titre, de cette société, de cette histoire
que vous, noble fils de vos œuvres, — plutôt de
celles qui sont sages que de celles qui sont folles,
— vous auriez la petite vertu de vous prévaloir
aussi ; et non plus de ces grandes belles conquêtes de la Révolution qui vous plaît, malgré

vous, et qui vous sollicite quoi que vous écriviez?

A moins que le livre des Actions de l'*Autorité* n'ait fini par vous sembler plus intéressant que celui de l'Histoire de France ?... Et alors, comme vous l'avez dit à Rouher et comme il est permis de le laisser redire à des consciences qui ne comprennent plus la vôtre, pour une explication qu'il est permis de demander à votre sincérité, mise en cause :

— Monsieur de Cassagnac, l'accusé, a la parole!

V

JULES BONJEAN

Trente-cinq ans, à peine. Le corps ramassé, court de taille, lourd et sûr de démarche. La tête sympathique, avec sa belle barbe en éventail, très blond, avec des yeux bleus et vifs où la bonté surtout pétille, avec un front fuyant au large dans des cheveux courts et bien plantés, avec une légère voix d'enfant qui prend son charme et sa persuasion dans ses hésitations mêmes, avec un visage au total très régulier et très doux qui vous rappelle celui du père dont ce fils est le portrait vivant. Devant le buste du président Bonjean, dressé dans ce salon de la rue de Lille, sous une modeste couronne d'or encadrant le tranquille visage du martyr, je regarde et je compare. Sauf la barbe, que le fils porte en plus, et l'œil gauche que le père avait en moins depuis un accident de son enfance, la ressemblance de tous deux est frappante.

— Au point, ajoute en souriant mon hôte, que c'est moi qui ai posé chez le sculpteur pour le buste de mon père, tel que vous pouvez le voir au Conseil d'État et à la Cour de Cassation dont M. Bonjean avait successivement tenu la présidence.

Dans ce salon tendu de rouge, qui ressemble à une chapelle ardente où dort dans sa pourpre de juge et de victime le grand absent, vous comprenez sans peine la forte éducation qu'un tel fils aura pu recevoir de l'histoire qui lui vola son père pour aller le tuer contre un mur de prison ; — cet homme qui, en tombant sous les balles de la Commune, apprit surtout aux siens le pardon de la suprême offense et des bourreaux le fusillant sans le connaître. Dans l'âme du président Bonjean avaient vécu les sentiments du plus parfait républicain, et le père voulut que ses enfants en héritassent avec cette page qu'il leur légua et qui serait un jour — aujourd'hui même — tout le programme politique du jeune et vaillant leader de l'*Association catholique :* « Tenez-vous en garde contre deux doctrines également fausses, également funestes, qui n'ont fait que trop de prosélytes dans ces derniers temps : l'une qui attaque la société moderne au nom du christianisme, l'autre qui attaque le christianisme au nom de la société moderne.

« A l'une et à l'autre une même réponse suffit. Non, leur direz-vous, il ne peut exister d'incompatibilité entre ces deux grandes et saintes choses : Christianisme et Liberté. Ceux-là seuls peuvent en apercevoir l'apparence, qui confondent les principes avec les abus que les hommes en ont pu faire. Comment donc serait-elle en opposition avec la religion chrétienne, cette civilisation moderne qui n'est que la réalisation, imparfaite encore sans doute, mais plus complète qu'en aucun autre temps, des principes de fraternité, de liberté et d'égalité que le Christ a, le premier, proclamés à la face du vieux monde. Ah ! ce vieux monde ne s'est pas rendu, du premier coup ; il résiste encore aujourd'hui. Mais la résistance est vaine ; la victoire n'est plus douteuse, trop de signes l'annoncent de tous côtés.

» Oui, j'en ai la ferme espérance, le jour approche, — bien qu'à mon âge je ne doive pas le voir, — où, abjurant d'étroits préjugés et d'injustes défiances, la Religion et la Civilisation modernes scelleront enfin cette sainte alliance, source divine d'où sortiront, pour les sociétés régénérées, les véritables conditions de l'ordre moral et politique, et, pour le genre humain, le règne de la verité, de la justice et de la paix. »

Tel est le programme que le père avait donné à son fils, avec le plus beau nom dont un martyr politique pût faire honneur à celui qui allait lui survivre pour recommencer la lutte. Dans cette lutte de l'idée républicaine bien comprise, M. Jules Bonjean vient d'entrer hardiment, audacieusement presque et risquant, après tout, autant que le président son père ; puisqu'en prenant la direction de ce parti dont il est reconnu le chef, c'est sa vie tout entière qu'il a bien l'intention d'y dépenser. Tout est à faire dans ce parti, dont on n'a encore trouvé que le nom, que le chef, que les meilleures intentions. Ces bonnes intentions sont à individualiser, ces individus à grouper, ces groupes à instruire par une presse qui, à cette heure, fait défaut. Il faudra enfin déclarer la bataille devant les urnes... Qui sait quand ?... Aux prochaines élections peut-être. Déjà, dans cette petite maison de la rue de Lille où je surprends peut-être les secrets du sympathique leader, je crois entendre, dans les bureaux improvisés, des bruits de voix communiquant avec les quatre coins de la France et dirigeant par une intelligente et droite collaboration la masse enfin unifiée du parti catholique.

— Ne faut-il pas, ajoute M. Bonjean en se rappelant un mot de son père, ne faut-il pas gagner son échafaud ? L'échafaud politique, la vraie façon de sortir dignement de la vie, quand une belle victoire ne vous a pas permis d'y rester comme les autres, citoyen honorable, honoré.

— Mais enfin, lui dis-je, en remettant l'échafaud à une date encore tout-à-fait imprévue, on vous accuse d'avoir publié récemment un programme plus spécial à la lutte qui se prépare aujourd'hui, que celui que votre père vous avait vaguement recommandé par sa lettre et en ne prévoyant que de très loin cette *Association catholique française* à laquelle vous conviez si favorablement tous les partis de notre République.

— Oui, j'ai publié le programme de cette *Association*. Sous forme d'articles, divers journaux, — et spécialement l'*Observateur français*, — le reproduisent et le commentent chaque jour.

— Il s'agit d'un document plus important qu'un article de journal. On vous attribue la paternité d'un livre (1), remarquablement élaboré d'ailleurs, où l'auteur a renfermé comme dans un arsenal bien munitionné toutes les raisons politiques et toutes les preuves d'expérience qui donnent à

(1) *Les Intérêts catholiques en* 1891, par X....

l'Eglise le droit de faire une alliance heureuse avec la République. D'après ce livre, tout le mal dont souffrent les intérêts catholiques en France, vient du Concordat qui, ayant concédé à nos gouvernants le droit de présenter les évêques à l'élection, et d'élire directement, eux-mêmes, le haut clergé à ses postes divers, leur a ainsi permis de préposer très souvent à ces charges des sujets dévoués plutôt à eux qu'à l'Église. A ce vice d'élection, que tant d'évêques impartiaux reconnaissent eux-mêmes, s'est ajouté un vice de sociabilité qu'on peut tout aussi impartialement dénoncer aujourd'hui. Ce haut clergé, recruté plus souvent parmi les ambitieux de ce monde que parmi ceux de l'autre, a aussitôt connu et fréquenté plutôt la haute que la moyenne classe de ses ouailles, — en vertu de ce principe, trop naturel pour être critiqué sévèrement, que les hauteurs s'attirent. Malheureusement pour notre temps, la société française, la plus haute en richesses et en influences politiques aussi, n'est pas toujours la plus élevée en sentiments religieux, disons le mot : en principes de moralité chrétienne. De là, avec la noblesse monarchiste, des concessions et des compromissions qui ont rendu celle-ci d'autant plus puissante par ses richesses, qu'on lui a permis d'acheter avec elles jusqu'à ces

journaux mêmes par lesquels, — contresens mons-
trueux ! — elles dirigent secrètement l'opinion
d'un peuple qui abhorre publiquement la leur.
En réalité, le droit de conquête appartenant à
tout Français d'aujourd'hui, la masse catholique
ou libre-pensante s'est faite républicaine pour la
forme de ses libres idées : mais, au fond, c'est
monarchiste et asservie qu'elle se trouve, si elle
s'observe devant une presse prétendue catholique
qui n'exprime qu'hypocritement les généreuses
impulsions de nos âmes et qui ne peut traduire
toutes les revendications de nos libres consciences.
Dénoncer cette presse faussement catholique et
ce petit parti de monarchistes rétrogrades, devant
la France généralement chrétienne et, par suffrage
universel, républicaine ; si ces constitutionnels de
l'ancien temps ne veulent pas pactiser avec les
exigences du temps présent, se passer d'eux et
marcher en avant vers ce système de gouvernement actuel qui fait la maison bonne, puisqu'elle
est de l'époque, — il y aura tout au plus à
changer quelques meubles par-ci, quelques fauteuils par-là, voire des fauteuils épiscopaux,
ceux qu'un Concordat trop facile a laissé fraudu-
leusement pénétrer là-dedans — : tel est le but du
parti catholique qui se forme ; tel est le livre franc
qui indique les torts à réparer et les réparations

à faire avec une législation nouvelle. Et la maison enfin construite avec solidité il faudra l'habiter sans crainte, malgré sa suscription qui
deviendra peut-être sa sauvegarde la plus sûre :
République Française. En un mot et sans phrases,
êtes-vous l'auteur des *Intérêts catholiques en
1891* ?

— En un mot et sans phrases, non !

— Eh bien ! si vous n'avez pas écrit ce livre où
la main d'un chef instruisant son parti se trahit à
chaque ligne sobre et sûre, il n'y a qu'un autre
homme qui puisse en être reconnu l'auteur. C'est
le cardinal Lavigerie.

— Je l'ignore. Il est à Alger. Allez l'interroger.
Il vous renseignera peut-être. Et comme c'est à
mon tour de devenir perplexe, M. Bonjean, me
reconduisant à sa porte, m'y arrête un instant et
me dit avec un fin sourire :

— Mais Alger est bien loin de Paris. Au fait,
vous avez lié des amitiés dans la rédaction de
l'*Observateur français*. Si vous alliez y interviewer quelqu'un de vos distingués confrères, il
vous épargnerait peut-être un voyage en Afrique
et vous lui feriez part, qui sait, d'un hommage
que j'augmente du mien si vous voulez vous
en charger : hommage bien mérité que pourra
recevoir, en vous répondant lui-même, l'au-

teur que vous cherchez et qui n'est autre qu'un esprit remarquable et qu'un homme de bien.

— En somme, terminé-je, vous dites aujourd'hui, au nom du clergé de France que vous avez consulté à tous les degrés de sa sphère, comme disait autrefois Gambetta, au nom de tout le peuple français dont la chute de l'Empire, à Sedan, n'avait que trop manifestement entraîné des résolutions nouvelles : — La République est proclamée !

— Mieux même que Gambetta. Car, indépendamment du bas clergé dont la grosse majorité nous est acquise, la majorité aussi du haut clergé s'est prononcée déjà en faveur de la République. C'est par cinquante, que je compte les adhésions nominales et écrites des évêques.

— Et l'incident d'Aix, n'aura-t-il pas arrêté un si heureux mouvement ?

— L'incident d'Aix ? Qui s'en souvient ? Un point qui manquait sur un *i !* C'est bien cher même, qu'il a été payé trois mille francs d'amende. Mais soyez sûr que, malgré ce point-là, tout le monde a su lire. La noble indignation d'un Français insulté par des Italiens a été ramenée à ses justes proportions de sentiment patriotique, par les consciences impartiales ; et le caractère primesautier, mais sauf de l'archevêque d'Aix, n'y a pas plus perdu, que la volonté toujours ferme de la majorité de ses illustres collègues dans l'épiscopat qui adhèrent encore à la République, d'autant plus franchement que, frappés en la personne d'un des leurs, ils auraient pu peut-être plus vigoureusement s'en défendre.

ÉDOUARD DRUMONT

VI

ÉDOUARD DRUMONT

Vous n'avez pas eu raison, Monsieur, de m'écrire, en m'envoyant gracieusement vos ouvrages, — qu'aucun journal ne me permettrait d'être reconnaissant à leur auteur, en même temps que controversiste de leur doctrine. Vous êtes, au contraire, sympathique à la plupart de nos directeurs de journaux par ce côté hardi qui fait le fond de votre caractère chevaleresque, si quelquefois aussi ils se mettent en garde contre vos ardeurs outrancières de catholique qui brûlerait ses vaisseaux même, — et alors, combien de feuilles de papier ! Ils sont, certes, bien pardonnables d'avoir fermé la porte de devant à vos brandons incendiaires, quand, vous le savez, ils laissent grande ouverte la porte de derrière à vos récriminations louables et quelquefois opportunes. Vous êtes un mélange si salutaire et si nuisible de Torquemada et de Calvin que, pour ne vouloir pas être toujours des Etienne Dolet à votre service jusqu'au bûcher, nos imprimeurs ont bien quelques droits à votre pardon en vous faisant admettre leurs prudentes réserves.

Une autre raison, que celle de l'ostracisme où vos livres — moins que tant d'autres — sont, dites-vous, condamnés, m'engageait à différer de vous écrire cette lettre dans un journal qui l'aurait accueillie, dès la première heure que le *Testament d'un Antisémite* avait paru. Je voulais savoir comment votre public accepterait ce livre. Je le sais enfin et je vous écris aussitôt la lettre que je vous dois, dans ce même *Evénement,* dont les *Echos* nous apprennent que Rome voudrait tant condamner votre fougueuse diatribe (1).

(1) Soisy-sous-Etiolles (S.-et-O.)

Mon cher confrère,

Vous m'avez prouvé que l'*Evénement,* selon son habitude, estimait que les livres étaient faits pour être discutés. C'est une originalité dont il convient de le féliciter, à une époque ou l'on organise volontiers la conspiration du silence contre ceux qui ont le tort de remuer des idées.

Je vous remercie bien vivement de l'article brillant que vous avez consacré au *Testament d'un Antisémite.*

Vous me permettrez, en revanche, de n'être pas de votre avis sur le fond. Si vous avez reçu des lettres de désapprobation à propos du *Testament d'un Antisémite,* c'est que

Et la France donc? Tenez, j'ai là, sur mon bureau, toute une paperasse de lettres que j'ai voulu lire et relire, avant de vous expédier la

vous avez de plus belles relations que moi et que vous n'êtes en correspondance qu'avec des prélats.

Quant au petit clergé, il est ravi et il me le dit, — il me le dit trop, car je ne sais comment répondre aux innombrables lettres qui m'arrivent. Il est ravi, parce que j'ai dit la vérité.

Je vous assure que, depuis quelques années, la situation du clergé de second ordre est vraiment douloureuse. Tous les prêtres qui avaient une valeur, un caractère, tous ceux qui savaient comprendre ce que c'est que d'être prêtres de Jésus-Christ, ont été meurtris, torturés, foulés aux pieds, par les évêques opportunistes.

Ce n'est pas exclusivement la faute des évêques. Ils ne seraient pas nommés, vous le savez mieux que moi, s'ils étaient eux-mêmes des hommes d'indépendance et de caractère. Ils sont serviles, et ils ne veulent que des êtres de servilité autour d'eux.

Cela prouve tout simplement, mon cher confrère, que le Concordat, comme beaucoup d'institutions de Napoléon Iᵉʳ, a fait son temps et ne répond plus aux conditions de la vie actuelle.

Je pense, mon cher confrère, que vous avez voulu badiner avec votre verve habituelle, en parlant de la violence de mon langage et de l'exagération de mes peintures. Les événements, en effet, semblent toujours avoir pris un malin plaisir à mettre en relief l'excessive modération de ma plume et la douceur de mon pinceau, en prouvant à tous que j'étais toujours en deçà de la vérité.

Quelques retardataires m'accusaient encore d'avoir poussé au noir la peinture de la société présente, lorsque l'affaire mienne. Je néglige celles d'amis sincères, qui vous aiment depuis trop d'années, — les années de votre besogneuse et souffrante jeunesse, —

Wilson, coulant comme un fleuve de boue à travers le pays, vint démontrer à tous que je n'avais pas tout dit.

J'ai encore dans les oreilles les clameurs qui ont accueilli le chapitre consacré au Boulangisme dans *Dernière Bataille :* « tissu de mensonges, inventions de pamphlétaire, cancans de concierge », toute la ritournelle, quoi...!

Quelques mois après, les *Coulisses du Boulangisme* se chargeaient de prouver que j'avais été comme toujours admirablement informé, mais que, cédant au penchant de ma nature essentiellement modérée, j'avais seulement gazé beaucoup.

Enfin, mon cher confrère, pour terminer cette énumération, laissez-moi vous rappeler ce qui s'est passé pour mon dernier volume. Il contenait un tableau des mœurs nouvelles de la presse, et quelques-uns trouvèrent ce tableau un peu vif. Tout à coup, la querelle entre le *XIX⁰ Siècle*, le *Jour* et le *Petit Journal*, en étalant des choses assez malpropres, vint attester aux plus prévenus contre moi que décidément je n'étais qu'un peintre à l'eau de rose.

Je sais d'avance, mon cher confrère, la place que m'assignera la postérité lorsque les dessous de la vie contemporaine seront mieux connus ; elle ne verra en moi, ni un Juvénal ni un Archiloque ; elle me mettra entre Florian et Berquin. Elle dira de moi : « L'auteur de la *France Juive* fut un second Berquin... Seulement, il était encore plus modéré que le premier. »

Veuillez agréer, mon cher confrère, avec mes remerciements pour la sympathie qui apparaît sous vos critiques, l'assurance de mes sentiments les plus distingués.

Edouard Drumont.

pour ne pas vous aimer encore aujourd'hui que, plus .heureux, vous les sacrifiez, sur une page dont ils ont encore le cœur d'admirer, comme Alphonse Daudet, la spirituelle satire ; quand c'est votre caractère, oublieux du passé et des années de l'avenir dur peut-être, qui payeront ce spectacle donné légèrement, qui sait! par un gavroche parisien fait homme.

De toutes ces lettres, élogieuses et indignées à la fois, je ne retiens pas même celles du haut clergé dont les faiblesses humaines, ne trouvant pas grâce à votre tribunal de critique, eussent dû être tenues secrètes plutôt que révélées par votre conscience de chrétien. Je ne veux être ému que des protestations admirables de ce petit clergé de France que votre fronde, rasant la terre avec la pierre dont vous vouliez frapper le ciel, a frappé en plein front. Il vous a lu. Il vous a quelquefois apprécié. Mais il né sait pourquoi, votre livre, où vous le vengez pourtant des injustices ou des oublis dont il souffre, il le referme avec indignation et en récuse la défense. Vous êtes entré dans un tribunal sacré, où il ne vous appartient pas d'élever la voix ; vous avez pénétré des consciences qui n'ont pas à révéler aux hommes les secrets douloureux qu'ils ne doivent qu'à Dieu. Vous, laïque, vous avez touché à l'Arche sainte,

que des mains de prêtre peuvent seulement
atteindre : et cette Arche, par cela seulement
qu'elle vous paraissait chanceler, vous, catholique, comme le marin de San-Remo fit de l'obé-
lisque de Sixte-Quint, généreusement, mais im-
prudemment, vous l'avez étayée de votre livre
plein de cruelles vérités, de vos conseils chargés
d'impardonnables audaces.

Vous êtes admirable : voilà tout.

Mais vous n'êtes *admirable*, aux yeux de ce
petit clergé de France, qu'au sens du mot latin.
Dans sa louange, il porte sa critique ; dans ses
approbations, son blâme ; et, pour tout dire en un
seul mot, sur votre livre fait de sacrilèges et
d'honnêtetés, c'est un monstre.

———

Quoi ! de cet épiscopat français dont cent prélats, en somme, sont les membres honorés et
honorables, vous n'en pouvez compter que cinq
qui vont chez des filles ou qui, comme un
autre genre de filles, se vendent à l'Etat. Quoi !
pour cinq libidineux, que Dieu saura juger sans
le secours de votre greffe, pour cinq simoniaques
dont les hommes ont déjà fait le procès public et
méprisé, pour cinq vendus dont les histoires
scandaleuses que vous nous racontez sont vraies

et sont ainsi doublement scandaleuses, vous oubliez les quatre-vingt-quinze autres que les honneurs de l'épiscopat sont venus chercher dans les
oublis de la cure, pour qu'ils fassent, — au palais
comme au presbytère, — leur devoir?

Il y en a, certes, qui sont fils de ces bourgeois
sans générosité que vous détestez tant parce que
vous n'en avez peut-être pas vu d'autres ; ceux-là
qui, comme vous, sortis de la Révolution, ont su
gagner par leur travail et entretenir par leur
sagesse les deux tiers de la France contemporaine : mais, que prouvent ces fils contre leurs
pères? Et ces pères, dont le vôtre en fut peut-être
pour l'honneur de l'éducation que vous reçûtes
de lui, qu'arguent-ils contre leurs fils ?... Il y en
a qui sont aussi fils de paysans ; et c'est le plus
grand nombre, et vous n'y voulez pas prendre
garde, par cette antipathie que vous semblez avoir
pour ce qui est la simple et sévère campagne, et
non la compliquée et luxueuse nature, — vous,
Parisien, qui, solitaire et rêveur, à Soisy-sous-
Etiolles, n'avez ouvert aucune fenêtre sur les
chaumières et les sillons où les paysans peinent
et prient; vous qui n'avez vu pousser l'herbe
qu'entre les pavés de l'île Saint-Louis, qui n'avez
vu que sur les boulevards se former des caractères d'hommes. Ces hommes-là, pour la plupart,

sont des paysans que l'étude a faits savants, et le mérite évêques. Ils sont ainsi quatre-vingt-quinze en France. Et vous n'avez trouvé parmi eux que cinq fils de bourgeois, vous qui nous parlez si éloquemment et à tout propos de saint Athanase; vous, à qui saint Basile devrait aussi répondre, comme à Valens :

— *Nunquam in episcopum incidisti* ... Vous n'avez donc jamais rencontré un évêque !

Je veux bien que quelques-uns, asservis sous la crosse qu'ils portent et que l'Etat, de qui ils la tiennent, conduit, soient plutôt appelés des commissaires de police que des généraux de corps d'armée. Mais que vous fait cette police, à vous qui n'en souffrirez pas ou qui, soldat de cette milice, n'avez qu'à suivre aveuglément les ordres de vos chefs, comme on doit faire dans les rangs où c'est par la discipline de tous, plutôt que par les raisonnements d'un seul, qu'on gagne des victoires ?

Dites plus franchement, vous, esprit supérieur de cette fin de siècle et par conséquent réfractaire à tout esprit passif d'autorité, dites que cette façon d'obéir ne peut cadrer avec les exigences de votre intelligence indépendante. Dites que, depuis que que l'esprit révolutionnaire a tout abattu en France, de ce qui y était droit, une institution restait intacte encore et admirable par la stabilité de son assiette et par la paix dont jouissaient les troupes campant là : et c'était ce clergé que vous appelez injustement « fin de siècle », par un esprit d'insubordination que vous lui supposez ; lui, que vous devriez au contraire et plus simplement appeler « séculaire », par ce même esprit d'ordre qu'il sait bien être sa plus grande force, au milieu de notre société moderne en désarroi par pénurie de chefs qui commandent, et par surabondance de sujets qui n'obéissent plus.

Vous connaissez donc si peu le petit clergé français, dans sa tradition constante de simple et d'heureux soldat sous les armes, que vous pensiez lui offrir un sort plus enviable dans une révolution qui le désagrégerait, à l'avantage de ses ennemis, lesquels en triompheraient ensuite plus aisément. Lui, si persécuté en corps, vous voulez donc qu'il soit anéanti en individualités irrésistantes ? Mais il souffre de l'oppression de ses chefs, dites-vous ! Mais ces interdits, planant sans cesse sur la tête de tant de prêtres, comme des forces terribles où leur caractère d'hommes flétris devant la société est plus à plaindre même que leur caractère de prêtres censurés par l'Eglise !... Cette Eglise despote, armant le bras de chaque évêque de l'interdit *ex informatâ conscientiâ*, par exemple, qui, tout à coup, sans reprise, peut s'abattre sur une tête innocente peut-être, mais compromise à tout jamais : n'y a-t-il pas aujourd'hui, pour recourir à Rome, où les jugements plus lents semblent mieux informés, les chemins de fer, les télégraphes, le téléphone peut-être ? Et après ?... C'est donc la faute du Concile de Trente, de n'avoir pas pressenti ces admirables emmagasinements de la correspondance moderne ? Vous les dénoncez aujourd'hui à l'Église, qui en profitera dès son prochain Concile pour réformer cet article retardataire de son code. Et, pour cette simple dénonciation, vous écrivez un livre de trois cents pages ? En vérité, Monsieur, l'ours de la fable qui, pour tuer une mouche, aura pris un pavé, ne vous semble-t-il pas aussi ingénieux que vous ?

Car je tourne les pages de votre livre, je cherche d'autres raisons sérieuses qui en expliqueraient la volumineuse matière. Je n'y rencontre que beaucoup d'invectives sans fond, beaucoup de scandales sans voile. De jolis mots, Dieu me pardonne ! dans cette mercuriale ecclésiastique, comme on dirait irrévérencieusement de jolies femmes dans une église. Des personnalités, en tas, que vous déshabillez de bas en haut. Vos propres aventures, qui ne sont pas les plus salubres du monde, en raison moins de vous que du monde où la bataille politique et religieuse vous a forcé d'entrer... Forcé, est un mot trop forcé peut-être, s'il faut en croire vos confrères de la première heure avec qui vous collaborâtes en journalisme, jusqu'au moment où vous quittâtes la *Liberté* (que diable ! il y a avait un Juif dans cette rédaction) pour commencer la série courageuse de vos pamphlets à succès. Et depuis, du charmant romancier des *Trémolin*, foin de la poésie qui ne lui eût pas laissé gagner, au dire de Taxil, 552,000 francs pour trois volumes sur la juiverie française et d'autres lieux !...

Non, pas 552,000 francs ! reprenez-vous. Et vous nous faites pénétrer dans votre bourse, dans votre loyer, où encore ?... Tout cela fait dans vos livres des trous, certainement plus grands que les maisons bâties par vos bénéfices d'auteur ; mais tout cela ne fait pas, à proprement parler, vos livres. Dans ce dernier, il ne devait y avoir que des prêtres ; et voici apparaître d'autres Juifs. Quoi ! il y a d'autres Juifs vivants, après la *France juive ?* Hélas ! Monsieur, j'ai peur qu'il y en ait encore, même après le *Testament d'un Antisémite*. A coup sûr, si, après cet autre livre, il y a une Palestine de moins, il y aura une Macédoine de plus. Et voilà ce que vous aurez gagné.

à épiloguer, à tort et à travers, et comme à bâtons rompus, mais en vain, sur des épaules plus fortes que les vôtres. Ainsi laissant ces Juifs *de côté*, vous leur aurez fait *place*, comme l'a dit logiquement Zola. A cette place écartée ils auront appris, à notre détriment, le prix du temps passé à ne rien dire, ou à dire que les Juifs sont les pires des hommes ; comme si des tas de Chrétiens valaient plus. En vérité, Monsieur, ce qui vaut chez un homme, c'est l'homme même et non sa caste ; et l'on est bien surpris d'avoir affaire à une intelligence de la valeur de la vôtre, qui semble oublier à plaisir ce principe du plus commun bon sens. Et aussi, d'un livre, ce qui vaut c'est lui ; et non ces remplissages bilieux n'y occupant pas la place laissée vide par un cœur qui l'eût fait palpiter, par une âme qui lui eût accordé quelque poésie haute et cette vie frissonnante des pages qu'on tourne, d'âge en âge, et qu'on fait vivre impérissablement.

De tous les sentiments humains et par conséquent passagers de nos âmes, le plus transitoire est peut-être la haine qui, depuis les temps antiques, n'a su encore remplir rien de mieux que le tonneau de Danaüs. L'amour, au contraire... Mais que vais-je vous dire, à vous qui, de parti-pris, brûlant nos dieux sur les autels du vôtre, ne voulez pas être idolâtre et croire encore au dieu de l'amitié. N'importe ! mais croyez à un lecteur du *Testament d'un Antisémite*, quand vous écrirez votre prochain livre qui, j'en suis sûr, tuera le dernier Juif, — fût-il vous-même, — s'il vous arrive de surprendre au fond de votre poitrine ce vieux bon cœur qui vous dicta jadis les *Trémolin*, en les rythmant à ses pulsations calmes, laissez une page de ce livre à quelques lignes sympathiques. Et si vous voulez consacrer celles-ci à un portrait aimable, tracez-y bonnement celui que vous avez oublié dans le volume d'aujourd'hui : cet humble fils de paysans et ce docile prêtre des campagnes, qui, se levant au déclin des dernières étoiles, s'endormira le dernier du village confié à sa garde, à lui qui veille, à lui qui prie, à lui qui instruit, à lui qui apprend à vivre, à lui qui enseigne à mourir, à lui qui obéit toujours et ne s'insurge jamais.

Tel est le portrait que, si Dieu m'eût donné votre beau talent, j'aimerais peindre d'une main pieuse sur le mur d'une humble église de village, d'autant plus sacrée à mes yeux qu'elle serait plus ébranlable. Telle est l'hymne que j'aimerais chanter en poète, dans une cathédrale dont les fondations plus profondes et la voûte plus fière rendraient aussi ma voix plus forte et plus glorifiée. Et ne serais-je là que le petit enfant de chœur dont le motet ne tourne qu'un instant autour des piliers de la nef pour s'en aller sitôt se perdre sous la nuit des voûtes séculaires, je bénirais encore Dieu qui m'eût permis de le chanter, à l'ombre de ses autels qu'aucune main n'ébranle si elle n'est impie, et au témoignage de ma conscience satisfaite de sa docilité et qui me répondrait sereine :

— Tu fais bien !

Qui sait, à vous, Monsieur, ce que vous dit la vôtre ? A vous, comme à tout brave et inconscient ouvrier, elle dit de fabriquer l'un après l'autre vos livres ; après le *Testament d'un Antisémite*, de publier le *Secret de Fourmies*, — qui, Dieu merci ! un an après, n'est plus un secret pour personne. Mais les fourmis le savaient-elles ?... Et le sous-préfet Isaac, n'était-il pas un Juif, vivant encore, qu'il fallait aussi exterminer ? Et le pauvre monde de « la Sociale » était-il assez malheureux enfin, pour que, par le fait de son imprudent avocat, il ne pût l'être davantage ?

Un caractère dans une inconscience : c'est Drumont. Oui, mais un caractère ; et tout le monde le respecte.

L'ANONYME (1)

Je ne le connais pas, il ne me plaît pas de le connaître, et plaise au Dieu des braves gens que je l'ignore toujours : tant il aura de goût et de raison à cacher son visage-sous le masque n'y collant de si près que pour y laisser, tôt ou tard quand on l'arrachera, un plus saignant et plus irréparable stigmate. On me dit bien que, comme au cou du chien blessé par le chaînon de sa loge, il est aussi marqué de rouge par la récente décoration d'un ministre qui eût dû mettre pourtant moins de cynisme à inscrire son *cave canem* sur le pas d la maison et du journaliste qu'il venait d'acheter.

Je ne le connais pas, je ne veux pas le connaître. Comme Iago, qui se voile en traître pour poignarder en lâche, sur son front ainsi que sur celui du

(1) Voir, ou ne pas voir, les *Portraits d'Evêques* publiés sans signature au *Matin*, depuis le 14 décembre 1891.

meurtrier de Cassio, ce masque déjà posé il faut qu'on le lui laisse ou qu'on le lui impose. Là-dessous, de par les règles de la chevalerie, il est et restera ce triste inviolable personnage que pénétrera seule la parole hardie de son adversaire découvert. Ainsi, du jour à la nuit et de la franchise à la lâcheté, à lui qui vient d'insulter ma mère l'Eglise, dans la personne de ses ministres les évêques, j'adresse ma réplique avec l'âme jeune peut-être mais désormais immaîtrisable de Gennaro parlant sans masque, devant le domino de Borgia.

Non, je ne le connais pas. Ou, ce que j'en connais, le voici.

———

Un homme revient de Rome, crossé, bastonné, incarcéré, pour une cause qui lui paraissait bonne et qui lui avait gagné, dès sa sortie de prison, comme à toute victime des luttes généreuses, l'estime de tous les braves gens. Il avait apporté au service du pape, dans sa valise de journaliste dévoué au Pouvoir temporel qu'il défendrait jusqu'à l'outrance, cent mille francs, deux cent mille, combien encore?... Comme un voyageur détroussé au passage des Alpes par les Ultramontains de la camorre et de l'intrigue, il avait rapporté cette valise appauvrie de son dernier denier — qui ne servit pas, croyez-le bien, à enrichir le Denier de Saint-Pierre. — Mais cette pauvre valise était pleine, Dieu merci! de paperasses annotées qui établiraient, au besoin, l'honnêteté du journaliste.

Mais ce besoin se ferait-il jamais sentir?

Une âme franchement catholique eût, à la place de celle-ci, laissé dormir dans sa valise et dans son cœur des souvenirs amers dont les quelques misérables évocateurs ne pouvaient pas rendre responsable l'Eglise entière; elle, qu'ils risquaient pourtant de compromettre, aux yeux du faible monde. Cette âme, que fit-elle? Rongeant son dernier revenu, elle considéra sa pauvreté et finit par y perdre la tête. Alors, ce silence des grandes âmes immolées qui aurait honoré celle-ci au pair des autres qui, plus obscures que Galilée, ne portent même pas un nom dans l'histoire de la justice égarée quelquefois au Vatican, comme dans tous les autres gouvernements de ce monde, — ce silence, cette âme trop tôt usée par la bataille, elle le mit sur un plateau de sa conscience et ne le trouva pas préférable au poids de l'or que quelques publicains placèrent sur l'autre plateau de cette défaillante balance. Et, comme l'Iscariote l'avait fait avant lui, cet homme las sortit et alla vendre à de seconds son premier maître.

Ainsi entré dans un journal que vous avez tous
lu, par la porte basse de la finance, il y est resté
jusqu'à ce jour, débouclant sa valise romaine,
éventrant ses dossiers, publiant ses notes personnelles de clerc d'inquisition, ouvrant la porte
grande aux autres latineries intraduisibles des
autres clercs mécontents comme lui et aussi inavouables et anonymes que lui, entreprenant
comme un banal installateur des sentines publiques un dépotoir public où se déverseraient
toutes les arrière-cours des sacristies de France
et de Navarre, de cette déjection salissant les
intacts, nettoyant les salis, calomniant aujourd'hui un évêque qu'il fait monter dans les
mansardes où la charité des malheureux l'a
conduit et l'absout et où c'est la luxure des va-
lets qui le retient et qui le souille, demain appelant « mercanti » face à face un cardinal qui eût
vendu la liberté pour racheter l'esclavage, après-
demain plaignant un vieux pape dont la sénilité
a crevé les deux yeux — ces yeux qui voient, en
France et en Afrique, de tels débordements de
républicaine licence et qui les encourage, — et, à
ce tri de linges sales, à ce jeu de papiers dégoû-
tants, soulevant le mépris des dernières honnêtes
consciences, l'approbation du reste, et se faisant

enfin payer d'une si inavouable besogne — qu'il n'avoue pas, du reste, — par cette croix d'un autre genre qui ne se plante plus au Golgotha rayonnant de la gloire de ses victimes, mais sur un collet de journaliste rougi du moins quelque part par la honte dont ne s'empourpre pas son visage.

Tel est le Judas vendu aujourd'hui qui, du prix de sa paye, n'a plus qu'à acheter aussi son champ d'Hacceldama où, plus méprisé que l'autre, il ira dormir à son heure; car l'autre, on inscrivit du moins son nom sur sa tombe maudite.

Celui-ci, vous dis-je, c'est l'Anonyme qu'il s'appelle.

———

Et c'est ce nom, — qui est un nom comme les autres, encore que plus vil, — ce nom sans autre personnalité que celle de la lâcheté qui y colle et ne s'en arrachera guère mieux que le masque indécent de la chair vive qu'il a mordu une fois et d'où il ne se déprendra plus, c'est ce nom-là, ce nom de journaliste célèbre et pourtant inconnu, que nous, les fils pieux de notre mère l'Église dont un tel filliâtre a insulté la gloire impérissable et la passagère infortune, nous saurons sous-entendre aussi longtemps que nous vivrons : lui, pour écrire des infamies qu'il ne signera pas ; nous, pour réciter avec confusion cette partie du *Credo* où nous nous ressouviendrons tristement mais indifféremment de cet homme :

— Elle a souffert sous Ponce-Pilate !...

Serait-ce même Pilate que, s'il fallait le nommer d'un nom propre, on pourrait appeler cet Anonyme à qui Judas prêterait mieux son extrait de baptême ?

FIN

TABLE DES MATIÈRES

TROISIÈME PARTIE. — LES LEADERS.

ÉMILE COLIN — IMPRIMERIE DE LAGNY